Wolfgang Schnepper

Vier Sterne am Fußballhimmel - Einer fehlt noch.......

Der Autor widmet dieses Buch in Dankbarkeit seiner Mutter Waltraud Schnepper.

Wolfgang Schnepper, Jahrgang 1964, Diplomsportlehrer,
Ex-Bezirksligaspieler im Fußball,
Fußballabitur mit der Note "sehr gut"
1988-89 in der deutschen Triathlonspitze,
1990 Bayerischer Meister im Body-Building,
1998 Konditionstrainer im bezahlten Fußball
2003 - 2006 Sportlehrer an einer Gesamtschule

Bibliografische Informationen der Deutschen
Nationalbibliothek: Die Deutsche Nationalbibliothek
verzeichnet diese Publikation in der Deutschen
Nationalbibliografie; detaillierte bibliografische Daten sind
im Internet über http://dnb.d-nb.de abrufbar.

Herstellung und Verlag: Books on Demand GmbH
Norderstedt
Satz und Layout: Wolfgang Schnepper

ISBN 978-3-7504-3713-5

Inhalt

Vorwort

Der Autor führt hier zunächst die vier besten Fußballer aller Zeiten auf. Hierbei wird die gesamte Fußballgeschichte von 1848 bis 2020 herangezogen. Es können natürlich nur Fußballer beachtet werden, die ihre Fußballkarriere bereits beendet oder einen großen Teil davon abgeschlossen haben wie Cristiano Ronaldo oder Messi.

Diese vier Fußballer sind die bereits bestehenden Sterne am Fußballhimmel. Sie heißen Arthur Friedenreich, Pele, Cristiano Ronaldo und Messi. Die meisten Experten werden wohl dieser Auswahl zustimmen.

Nun stellt sich aber die Frage, wer wird der fünfte Stern sein. Wir suchen hier keinen Spieler, der den anderen vier "Sternen" ungefähr ebenbürtig ist, sondern einen Ausnahmespieler, der diesen weit überlegen sein wird.

Der Autor gibt ihnen die Antwort, und beschreibt den kommenden fünften Stern am Fußballhimmel. Dieser Ausnahmespieler wird mit Abstand der beste Fußballer aller Zeiten sein.

Lassen Sie sich überraschen, wer dieser Spieler sein wird. Der Autor gibt Ihnen im letzten Kapitel dieses Buches die Antwort.

 # Vier Sterne am Fußballhimmel

Arthur Friedenreich

1914 wird der Weltfußball auf einen brasilianischen Spieler aufmerksam, der **bis 1929 mit Abstand der beste Fußballer der Welt** war. Sein Name ist Arthur Friedenreich.

Bis Ende des 19. Jahrhunderts wurden Spielsysteme wie das 2-2-6 und das 1-1-8 praktiziert. Diese Systeme waren sehr offensiv ausgelegt, aber hatten mit dem modernen Fußball nicht viel gemeinsam. Das Spiel glich noch sehr stark dem Football, und ähnelte in der taktischen Ausrichtung eher dem modernen Rugby.

Als 1914 Arthur Friedenreich die Weltbühne des Fußballs betrat, war dies nicht mehr der Fall. Jetzt wurde das **Spielsystem 2-3-5** eingesetzt, auch „**Schottische Furche**" genannt. Nun war der **moderne Fußball** nicht mehr aufzuhalten. Zum ersten Mal wurde ein System gespielt, das mehr auf ein Kollektiv setzte, als auf die Individualität der einzelnen Spieler. Das System basierte auf zwei spezialisierten Verteidigern, die allerdings noch sehr statisch agierten. Die Laufwege waren gering, und die Aufgaben begrenzten sich ausschließlich auf die Defensive. Weiterhin gab es drei Mittelfeldspieler, die für Verteidigung und Aufbau des Angriffs zuständig waren. Diese Spieler waren der Motor der Mannschaft, und sie legten Laufwege zurück, die dem derzeitigen Fußball fast gleichkommen (heute laufen allerdings alle Feldspieler diese Strecken in einem Spiel oder sogar wesentlich mehr). Im Sturm agierten fünf Spieler, die kaum Defensivaufgaben übernahmen. Auch hier lag ein sehr statisches Verhalten vor. Würde heute eine Mannschaft mit so einem System und dieser Spielweise auftreten, wäre gegen eine gleichwertige Mannschaft eine hohe Niederlage unvermeidbar. Die Laufwege des alten Systems würden etwa 50 Kilometer von allen Spielern betragen, bei modernen Systemen (hochklassige Ligen) über 100 km Laufleistung.

 # Vier Sterne am Fußballhimmel

Hier erkennen wir auch die rein athletische Weiterentwicklung des Fußballsports. Aber wir wollen diese Sache hier nicht vertiefen. Wir mussten aber kurz erläutern, in welchem Spielsystem Arthur Friedenreich tätig war.

Arthur Friedenreich wurde am **18.7.1892 in Sao Paulo** geboren, und verstarb am **6.9.1969** in seiner Geburtsstadt. Seine Spielerposition war fast ausschließlich im Sturm. Seine Laufwege waren allerdings viel kürzer als bei den meisten heutigen Stürmern.

Spielerstationen:

1909: SC Germania (Jugendabteilung)

1909 - 1910: SC Germania

1910 - 1911: CA Ypiranga

1911 - 1912: SC Germania

1912 - 1913: AA Mackenzie College

1913 - 1916: CA Ypiranga

1916 - 1917: CA Paulistano

1917 - 1918: CA Ypiranga

1918 - 1930: CA Paulistano

1930 - 1933: Sao Paulo FC

1933 - 1934: Atletico Mineiro

1934 - 1935: Sao Paulo FC

1935 - CR Flamengo

 # Vier Sterne am Fußballhimmel

Von 1914 – 1930 spielte Arthur Friedenreich in der brasilianischen Nationalmannschaft.

Herkunft und Karrierebeginn von Arthur Friedenreich

Arthur Friedenreich wuchs im Stadtteil Luz von Sao Paulo heran. Sein Vater hieß Oscar Friedenreich und war von Beruf Kaufmann. Er wurde als Sohn eines deutschen Emigranten aus Dahme im südbrasilianischen Blumenau geboren. Die Mutter von Arthur hieß Matilde und war von Beruf Wäscherin, ihre Hautfarbe war dunkel.

Zur damaligen Zeit war es nicht üblich, als „Bambini" zum Fußball zu kommen. Arthur Friedenreich fand erst als Zehnjähriger durch den Sportunterricht an einer Privatschule in Sao Paulo zum Fußball. Nur der einflussreiche, aus der Oberschicht stammende Vater ermöglichte Arthur Friedenreich den Zugang zum Fußball. Auch in Brasilien war dieser Sport anfangs nur für die Oberschicht reserviert.

1909 durfte er als Deutschbrasilianer dem SC Germania betreten, einem Verein in Sao Paulo. Dieser Club wurde von Hans Nobling für deutschstämmige Spieler gegründet.

Nach der Kriegserklärung 1942 von Deutschland an Brasilien wurde er in Esporte Clube Pinheiros umbenannt.

In diesem Verein wurde Arthur Friedenreich besonders von Hermann Friese gefördert, einer der bekanntesten Sportler in Brasilien zu dieser Zeit.

Aufgrund seiner mütterlicher Abstammung hatte er wegen des herrschenden Rassismus zu Beginn des 20. Jahrhunderts ein schweres Leben in Brasilien.

 # Vier Sterne am Fußballhimmel

Beispielsweise wurden Fouls an nicht-weißen Spielern von vielen Schiedsrichtern einfach nicht gepfiffen. Arthur Friedenreich wurde dadurch sehr oft unfair attackiert, und die Fouls nicht gepfiffen. Aber genau aufgrund dieser Tatsache entwickelte er sich vermutlich zum weltbesten Spieler. Arthur Friedenreich „erfand" hierdurch legendäre und zur damaligen Zeit **perfekte Körpertäuschungen,** und konnte damit vielen unfairen Gegnern mit Ball entkommen. Seine **einzigartige Schnelligkeit** für einen Fußballer dieser Zeit unterstützte ihn zusätzlich dabei.

Einer Legende zufolge erfand Friedenreich die Körpertäuschung, als er sich beim Straßenkick, erschreckt durch ein schnell heranfahrendes Auto, mit dem Ball am Fuß um die eigene Achse drehte, zur Seite sprintete und so erfolgreich dem Gefahrenbereich entkam. Später probierte der Angreifer dieselbe Bewegung mit großem Erfolg an seinen Gegenspielern aus. Die Körpertäuschung, die heute im technischen Repertoire eines jeden guten Fußballers liegt, war geboren.

Weiterhin gilt Friedenreich als Erfinder des Effetschusses im Fußball. Er soll als Erster bewusst diese Technik angewendet haben, um den Ball in einer Art und Weise zu schießen, dass die Flugbahn für den Torwart nur noch schwer zu berechnen war. Aufgrund der veränderten Luftzirkulation fliegt der Ball nämlich auf einer schiefen und bogenförmigen Bahn und wird so vom Gegner schlechter erreichbar bzw. einschätzbar.

Friedenreich glättete sein krauses Haar, um wie ein Weißer zu wirken, hellte in der südamerikanischen Hitze seine Haut mit Reismehl auf, oder spielte manchmal sogar mit einem Haarnetz.

ber wegen seiner einzigartigen Spielanlage wurde er schließlich auch von vielen Weißen „geliebt", und entwickelte sich zu einem Nationalhelden. **Der erste brasilianische Fußballstar war geboren.** Aber damals konnte noch niemand ahnen, dass er zu den weltbesten Spielern aller Zeiten zählen wird, und das mit vollem Recht.

Am 21. Juli 1914 bestritt in Rio de Janeiro die brasilianische Nationalmannschaft ihr erstes Länderspiel überhaupt, und Friedenreich war dabei. Brasilien gewann das Spiel gegen den englischen Club Exeter City FC mit 2:0. In diesem harten Spiel soll Friedenreich angeblich zwei Zähne verloren haben.

1914 wurde Arthur Friedenreich in die brasilianische Nationalmannschaft aufgenommen. Als Nicht-Weißer hatte er diesen Schritt seiner väterlichen Herkunft zu verdanken. **Erst ab 1918 hatten auch schwarze Brasilianer die Möglichkeit, offiziell Nationalspieler zu werden.**

1916 nahm Friedenreich zum ersten Mal an dem Wettbewerb „Campeanato Sudamericano" teil. 1919 und 1922 gewann er diesen mit der brasilianischen Nationalmannschaft.

1919 standen sich in diesem Finale die beiden Erzrivalen Brasilien und Uruguay in einer erbitterten Partie gegenüber. Nach 90 Minuten stand es 0:0 und auch 60 Minuten Verlängerung schienen keine Entscheidung zu bringen. Bevor jedoch ein unrühmlicher Münzwurf über Sieg oder Niederlage entscheiden musste, kam es zur Geburtsstunde der Berühmtheit Friedenreichs, der kurz vor dem Ende des Spiels einen Treffer erzielte, und fußballerische Unsterblichkeit erlangte.

 # Vier Sterne am Fußballhimmel

1921 wurde die brasilianische Nationalmannschaft in diesem Wettbewerb nur Zweiter, was war passiert?

Aus heutiger Sicht würden wir von einem absoluten Skandal sprechen, damals war es aber möglich. Beim Campeanato Sudamericano 1921 in Argentinien wurden Friedenreich und alle anderen nicht-weißen Spieler von diesem Turnier ausgeschlossen. Der damalige Präsident Epitacio Lindolfo da Silva Pessoa sorgte dafür, dass diese Spieler aus dem Kader geschmissen wurden. Aber mit welcher Begründung geschah dies?

Seine Argumentation war: „Durch das Auftreten nicht-weißer Spieler gelte Brasilien als unterentwickeltes Land und sein Ruf könnte beschädigt werden".

Dieser Beschluss wurde aber zum Glück nach dem Turnier wieder aufgehoben, die Proteste waren zu groß.

1925 war Arthur Friedenreich mit dem brasilianischen Verein Athletico Paulistano auf einer Europareise. Mit dem brasilianischen Club bestritt er zehn Spiele auf dem alten Kontinent, und die Südamerikaner schafften es tatsächlich, ganze neun davon zu gewinnen. Das war die erste Reise einer brailianischen Mannschaft überhaupt auf den europäischen Kontinent. Die Europäer waren von den Spielkünsten Friedenreichs begeistert. Die französische Presse betiltete ihn mit **„Roi des Rois du Football", „ König der Könige des Fußballs"**.

Die Uruguayer bezeichneten ihn nach dem Finale des Campeanato Sudamericano 1919 als **„El Tigre" (der Tiger)**.

Die Brasilianer nannten ihn liebevoll **„Pe de Ouro" (Goldfuß)**.

Hieran können wir erkennen, wie überlegen Arthur Friedenreich den anderen Spielern gegenüber gewesen sein musste.

 # Vier Sterne am Fußballhimmel

Nach unseren vorsichtigen Schätzungen war er seiner Zeit zwanzig Jahre voraus. Mit anderen Worten ausgedrückt: **„Arthur Friedenreich übersprang mindestens zwanzig Jahre der Fußball-evolution".**

Arthur Friedenreich hatte allerdings auch in Bezug auf die Weltmeisterschaften wiederum sehr viel Pech. An der ersten Fußballweltmeisterschaft 1930 durfte er nicht teilnehmen. Es kam zu Disputen zwischen den Ligaverbänden und Spieler von Sao Paulo wurden gesperrt, unter ihnen war auch Friedenreich.

Wir müssen an dieser Stelle aber auch erwähnen, dass er zu diesem Zeitpunkt seinen Leistungszenit längst überschritten hatte. **Bei der Weltmeisterschaft 1934 war Friedenreich schon 42 Jahre** alt. Seine Leistung sollte für eine Nominierung in die brasilianische Nationalmannschaft nicht mehr ausreichen.

So kam er auf lediglich 17 offizielle A-Länderspiele, und erzielte hierbei acht Tore. So geriet Arthur Friedenreich bei den meisten Fußballinteressierten bald in Vergessenheit. Er wird in keiner Statistik einer Fußballweltmeisterschaft geführt, sein letztes Spiel ist nun über 70 Jahre her, und der Ausnahmefußballer ist schon lange tot. Aus diesem Grund müssen wir hier ausführlich über diesen Spieler schreiben, damit er in unser Gedächtnis zurückgerufen wird bzw. unser Geschichtswissen über den modernen Fußball optimiert wird.

Weiterhin gewann Friedenreich die Staatsmeisterschaft von Sao Paulo sechsmal mit Athletico Paulistano und einmal mit Sao Paulo da Florensta. Erst 1971 wurde eine Liga für ganz Brasilien einge-führt, was auf Grund der Größe des Landes zu erklären ist.

 # Vier Sterne am Fußballhimmel

Aber jetzt kommen wir auf den eigentlichen sportlichen Höhepunkt von Arthur Friedenreich zu sprechen.

Während seiner Laufbahn schoss er **1329 Tore**, dies ist offiziell von der Fifa bestätigt. Das sind 50 Tore mehr als Pele geschossen hat. Kein anderer Spieler hat in seiner Karriere mehr Tore geschossen. Diese Zahlen sind ebenfalls selbsterklärend.

Er war auch **der erste Spieler der Welt, der die 1000-Tore-Marke übertraf.**

Und Friedenreich wurde **neunmal Torschützenkönig der Staatsmeisterschaft von Sao Paulo:**

1912:	Mackenzie College	12 Tore
1914:	Club Athletico Paulistano	12 Tore
1917:	CA Ypiranga	15 Tore
1918:	Club Athletico Paulistano	25 Tore
1919:	Club Athletico Paulistano	26 Tore
1921:	Club Athletico Paulistano	33 Tore
1927:	Club Athletico Paulista	13 Tore
1928:	Club Athletico Paulistano	29 Tore
1929:	Club Athletico Paulistano	16 Tore

 # Vier Sterne am Fußballhimmel

Allerdings musste sich Friedenreich viermal davon den Titel des Torschützenkönigs mit folgenden Spielern teilen:

1914:	Neco (SC Corinthians Pauliatano),	12 Tore
1927:	Araken (Santos FC),	31 Tore
1928:	Heitor (Palestra Italia),	16 Tore
1929:	Feitiço (Santos FC),	12 Tore

Friedenreich musste sich also dreimal davon den Titel teilen, obwohl er mehr Tore geschossen hatte. Wie war das möglich?

Die Erklärung ist eine ganz simpel. In diesen Zeiträumen kam es zu Disputen zwischen Amateur- und Profivereinen mit vorübergehenden Spaltungen der Liga Paulista in die Liga Paulista de Futbol und der Amateurliga Associacao Paulista de Esportes Atleticos.

Aber damals durfte jedem klar gewesen sein, wer der wahre und alleinige Torschützenkönig in diesen Jahren war.

Exkurs: Profi-Liga?

Ja, auch um 1920 gab es die ersten Fußballprofis und auch die Profi-Liga. Allerdings ist das mit den heutigen Profivereinen nicht vergleichbar. Fast alle Profis wahren Halbprofis und gingen noch einer regulären Tätigkeit nach. Die Verdienste der Profispieler erreichten noch nicht einmal das Niveau der heutigen Regionalliga. Auf die jetzigen deutschen Bedingungen des Fußballprofis bezogen, würden wir diese Spieler um 1920 nicht mehr als Profis bezeichnen.

 # Vier Sterne am Fußballhimmel

Für die damalige Zeit bedeutete diese zusätzliche Einnahme aber einen Aufstieg in die finanzielle Oberschicht (unterer Bereich), so dass wir getrost von Profi-Sportlern sprechen können.

Auch heute noch gibt es in Brasilien Fußballprofis, die im Monat ein paar hundert Euro verdienen (mittlerer Amateurbereich). Diese Spieler gehen keiner weiteren Tätigkeit nach, auch weil sie keinen zusätzlichen Job finden, leben sehr bescheiden und ohne Krankenversicherung. Die jüngeren Spieler davon träumen von der großen Fußballkarriere, nur die wenigsten schaffen es. Und auch heute noch kann man diese Spieler als Profis bezeichnen. Wir müssen das an die brasilianischen Verhältnisse anpassen. In Brasilien gibt es eine viel größere Armut als in Europa. Ein Einkommen von ein paar hundert Euro, hat dort einen ganz anderen Stellenwert als beispielsweise in Deutschland.

Doch kommen wir nach diesem Exkurs zurück zu Arthur Friedenreich. Knapp 30 Jahre nach dem Beginn seiner Karriere, **beendete er im Alter von 43 Jahren am 21. Juli 1935 seine Fußballlaufbahn mit einem letzten Vereinsspiel.** Einer der besten Fußballspieler aller Zeiten hatte die Fußballbühne für immer verlassen. Auch dieser Ausnahmespieler musste dem Alter Tribut zollen, und den jüngeren Spielern weichen. Den Status des weltbesten Fußballers hatte er aber schon einige Jahre zuvor verloren.

Nach seiner aktiven Zeit arbeitete Friedenreich zunächst als **Trainer,** dann als Werbevertreter für eine Brauerei, und erkrankte 1963 an Parkinson, gefolgt von Gedächtnisverlust. Arthur Friedenreich starb schließlich vollkommen zurückgezogen und verarmt im Jahre 1969.

 # Vier Sterne am Fußballhimmel

Arthur-Friedenreich-Preis

Aufgrund der herausragenden Leistungen von Arthur Friedenreich wurde **1969 der Premio Arthur Friedenreich** (Arthur-Friedenreich-Preis) gegründet, und zwischen 1969 und 1975 an herausragende brasilianische Fußballspieler vergeben.

Nach 33 Jahren „Vergessenheit" wurde dieser Preis wiederbelebt. Hiermit sollen jedes Jahr die Spieler ausgezeichnet werden, die in allen Pflichtspielen der ersten Staatsligen insgesamt die meisten Tore erzielen.

Hier die bisherigen Gewinner des Arthur-Friedenreich-Preises:

2008:	Keirrison	(41 Tore)
2009:	Diego Tardelli	(39 Tore)
2010:	Goncalves Oliveira und Neymar	(42 Tore)
2011:	Leandro Damiao	(38 Tore)
2012:	Neymar	(43 Tore)
2013:	Hernane	(36 Tore)
2014:	Magno Alves	(37 Tore)

 # Vier Sterne am Fußballhimmel

PELE

Pele war ein brasilianischer Fußballspieler, der am 23. Oktober 1940 in Tres Coracoes in Brasilien geboren wurde. Sein eigentlicher und vollständiger Name ist Edson Arantes do Nascimento. Er spielte meistens im Sturm, gelegentlich im offensiven Mittelfeld.

Mit der brasilianischen Nationalmannschaft holte er drei Fußball-WMs. Pele war schnell, stark, machte gute Kopfstöße, hatte ein gutes Dribbling und eine schnelle und perfekte Ballfertigkeit.

Die Karriere von Pele

Weltmeister: 1958, 1962, 1970

Staatsmeisterschaft Campeonato Paulista: 1958, 1960, 1961, 1962, 1964, 1965, 1967, 1968 1969, 1973

 # Vier Sterne am Fußballhimmel

Verein / Sonstiges	Spiele	Tore
Campeonato Paulista	412	470
Torneio Rio-Sao Paulo	53	49
Torneio Roberto	56	36
Taca Brasil	33	30
Campeonato Brasileiro	84	34
Copa Libertadores	15	17
Weltpokal	3	7
Sonstiges	49	52
Freundschaftsspiele	502	472
NASL	64	37
Brasilien	92	77
Anzahl aller Tore / Spiele	1363	1281

 # Vier Sterne am Fußballhimmel

Torschützenkönig

Staatsmeisterschaft Campeonato Paulista:

1957: 20 Tore

1958: 58 Tore (bis heute Rekord)

!959: 45 Tore

1960: 34 Tore

1961: 47 Tore

1962: 37 Tore

1963: 22 Tore

1964: 34 Tore

1965: 49 Tore

1968: 26 Tore

1973: 11 Tore

 # Vier Sterne am Fußballhimmel

Torneio Rio-Sao Paulo:

1961: 7 Tore

1963: 15 Tore

1964: 3 Tore

1965: 8 Tore

Taca Brasil:

1961: 9 Tore

1963: 11 Tore

Copa Libertadores:

1963: 11 Tore

Copa America

1959: 8 Tore

Auszeichnungen:

Südamerikas Fußballer des Jahres 1973
Südamerikas Fußballer des Jahrhunderts
Spieler des Jahrhunderts (FIFA)
Sportler des Jahrhunderts (IOC)

 # Vier Sterne am Fußballhimmel

Das Leben von Pele

Als Edson Arantes do Nascimento (Pele sein späterer Name unter dem ihn die ganze Welt kennt) vier Jahre jung ist , und er noch den Spitznamen Dico trägt, schöpfen seine Eltern Hoffnung aus der Armut herauszukommen.

Vater Dodinho bekommt ein Angebot von Lusitana in Bauru. Er soll dort aktiv spielen, und gleichzeitig eine Stelle in der Stadtverwaltung bekommen.

Als sie in Bauru ankommen, hät der Verein sein Versprechen nicht. Dicos Vater darf zwar spielen, aber den Job erhält er nicht. Wieder muss die gesamte Familie in ein überfülltes und winziges Haus ziehen. Dicos Eltern haben Angst, dass sie irgendwann ihre Kinder nicht mehr versorgen können, oft streiten sie deswegen.

Die Angst vor der Armut wird Pele sein Leben lang begleiten. In seiner Autobiographie aus dem Jahr 1977 schreibt er:" Armut heißt, seiner Selbstachtung und seiner Selbstsicherheit beraubt zu sein. "Armut ist Angst".

Doch Dico ist ein fleißiger Junge. Mit sieben Jahren verschafft er sich eine Ausrüstung zum Schuhe putzen, um Geld zu verdienen, und damit seine Familie zu unterstützen.

Tatsächlich kann er fast täglich seinen Eltern finanziell etwas beisteuern.

 # Vier Sterne am Fußballhimmel

Exkurs: Wir möchten an dieser Stelle erwähnen, wie groß der Zusammenhalt der Familie damals in Brasilien war, und auch in vielen anderen Ländern. Auch heute ist diese Harmonie in Brasilien immer noch viel größer als in Deutschland.

Schauen Sie sich selber einmal in ihrem Bekannten- und Verwandtenkreis um, liebe Leserinnen und Leser. Selbst innerhalb einer Familie geht oft jeder nur seinen Weg, und keiner kümmert sich um die Probleme und Sorgen des Anderen.

Ein Jahr später wird Dico eingeschult, aber er ist ein schlechter Schüler, und schwänzt oft den Unterricht. Dico träumt von einem Leben als Pilot. Diesen Traum gibt er aber schnell, als er zufällig die Leiche eines Piloten mit schlimmen Verletzungen nach einem Flugzeugabsturz sieht.

Bald darauf spielt er lieber Fußball wie fast alle brasilianischen Jungs.

Dico verbessert seine fußballerischen Qualitäten sehr schnell, vernachlässigt aber die Schule. Seine Mutter Celeste schimpft manchmal, wenn es um Dico und seinen Sport geht. Fußball ist die Ursache, warum ihr Mann relativ wenig Geld verdient. Sie hält nicht viel von einem Sport, bei dem die Karriere durch eine schwere Verletzung sofort zu Ende sein kann. Ihr Mann Dodinho, Dicos Vater, musste ein Jahr wegen einer komplizierten Knieverletzung pausieren, und verdiente dadurch praktisch gar nichts. Auch meint Dicos Mutter, dass man diesen Beruf ja nur in jungen Jahren ausüben kann.

Eigentlich hatte sie damit vollkommen recht. Damals waren die Fußball-Gehälter relativ gering, versichert waren die Spieler nicht.

Vier Sterne am Fußballhimmel

Zum Glück aber bleibt Dico eigensinnig, und gründet sogar seinen eigenen Verein, den „7. September".

Mitglieder sind seine Kumpels Toquinho, Dino, Ari, Vadinho, Ze Porto und sein Bruder Zoca.

Aber sie brauchen Fußbälle und Trikots, damit sie als Verein akzeptiert werden, d.h. sie brauchen dafür Geld, welches sie nicht besitzen. Bald darauf hat Ze Porto die Lösung, sie sollen aus einem Güterwagen Erdnüsse stehlen, und vor dem Kino verkaufen. Mit Eimern ausgestattet klettern sie schließlich in einen Güterwagen, schlitzen einen großen Sack mit Erdnüssen auf, und füllen die Eimer. Schweiß gebadet flüchten sie anschließend, und werden niemals dafür erwischt. Das Geld für die verkauften Erdnüsse reicht für Trikots, Hosen und einem Ball. Der Spielbetrieb kann beginnen. Dicos Mannschaft ist gut, sie verlieren selten gegen andere Teams. Wie eine echte Profi-Mannschaft laufen die jungen Spieler hintereinander auf das Spielfeld. Dico agiert als Torwart und Mittelstürmer bei diesen „offiziellen" Spielen, meist wechselt er nach einer Halbzeit. Bald erkennt er, dass er es zum Profi-Spieler schaffen wird. Auch sein Vater Dodinho sieht Dicos Talent. Er wird sein erster Trainer, und bringt ihm bei, auch mit dem linken Fuß effizient zu dribbeln, passen und schießen.

Und jetzt kommen wir zu dem Namen Pele, der aus dieser Zeit stammt, und mit dem er auf der ganzen Welt berühmt werden sollte.

Dodinhos Mannschaft besaß damals einen Torwart mit dem Namen „Bile". Diesen bewunderte Dico sehr. Seine Kumpels hänselten ihn darauhin, und riefen ihn zunächst „Bile", woraus später „Pele" wurde.

# Vier Sterne am Fußballhimmel

Nun beginnt die unglaubliche Karriere von Pele. Am 16. Juli 1950 ist er neun Jahre alt, und hört mit seinem Vater und dessen Freunde Radio. Es läuft die Übertragung der Fußball-Weltmeisterschaft mit dem Spiel Brasilien gegen Uruguay.

Brasilien verliert, Peles Vater und seine Freunde weinen. Pele, der ein gutes Herz hat, will seinen Vater trösten: „Papa, wenn ich groß bin, werde ich uns rächen."

Er trainiert schließlich verbissen, und spielt samstags und sonntags für mehrere Vereine, manchmal bis zu drei Spiele an einem Wochenende.

In dieser Zeit veranstaltet der Bürgermeister ein Fußballturnier für die Straßenmannschaften, und die Spieler vom „7. September" erreichen das Endspiel.

Tausende Zuschauer sehen das Spiel, welches Peles Mannschaft gewinnt, er selber wird sogar Torschützenkönig.

Aber was noch viel wichtiger ist, zum ersten Mal feuern ihn die Zuschauer mit „Pele! Pele" an.

Nun beginnt seine steile Karriere. 1954 bildet der Bauru Atletico Club eine Jugendmannschaft, die vom Fußballstar Waldemar de Brito trainiert wird. Pele wird gebeten, sich dieser Jugendmannschaft anzuschließen. Dankend stimmt er zu.

Mit 13 Jahren bekommt er nun ständig die Fußball-Bekleidung bezahlt, und ein Gehalt für seinen Sport. Praktisch gesehen, kann man Pele mit 13 Jahren schon als Fußball-Profi bezeichnen (!).

Der Trainer Waldemar de Brito lehrt Pele die perfekte Ballbeherrschung, und Pele schießt in seiner ersten Saison in 33 Spielen 148 Tore, obwohl er immer noch sehr schmächtig ist.

 # Vier Sterne am Fußballhimmel

Nach dieser Saison fährt er mit seinem Trainer und Dodinho nach Santos. Hier soll er sich diesem großen Verein anschließen. Ohne seine Eltern geht er auf eine „große Reise", auf dem Weg zu einer einzigartigen Profi-Karriere. Aber noch hat er Angst, er weiß nicht was auf ihn zukommt.

Zwei Tage nach seiner Ankunft hat der 15-Jährige sein erstes Trainingsspiel bei den Senioren. Hierbei kann er nicht richtig überzeugen, er ist nervös und körperlich den anderen Spielern unterlegen. Er wiegt lediglich 60 Kilogramm, mindestens 5 zu wenig.

Man steckt ihn in die Jugendmannschaft. Pele bleibt ehrgeizig, und trainiert auch in seiner Freizeit fleißig.

Eines Tages verschießt er einen Elfmeter, und will seine Mannschaft verlassen. Er steht schon am Bahnhof, und will nach Hause fahren. Da begegnet ihm zufällig Sabuzinho, der Sohn des Vereinskochs. Dieser redet auf ihn ein. Er sagt zu Pele, dass man wegen so einer Kleinigkeit nie aufgeben darf, und dass der verschossene Elfmeter in einem unbedeutenden Spiel passiert ist. Pele entscheidet sich zurückzugehen.

Nach kurzer Zeit nimmt der Verein ihn unter Vertrag. Nach nur zwei Spielen in der Jugend schafft er den Sprung zu den Amateuren, mit denen er 1956 die Meisterschaft gewinnt. Er ist noch nicht einmal 16 Jahre alt.

Er ist auch noch 15 Jahre alt, als er sein erstes Spiel als Profi bestreitet. Mit 16 Jahren erhält er einen neuen Vertrag, und verdient bereits fünf Mal so viel wie sein Vater.

In der ersten Saison in der Profi-Liga bei Santos wird Pele mit 32 Treffern auch Torschützenkönig der Liga.

 # Vier Sterne am Fußballhimmel

Warum war Pele ein Ausnahmespieler?

Pele war ein Stürmer, der ein Spiel „lesen" konnte. Ständig wechselte er seine Spielweise und seinen Spielrhythmus. Mal lief er langsam, fast gelangweilt, über das Spielfeld, und plötzlich expldierte er mit Tempoläufen und Sprints.

Die Gegenspieler konnten ihn fast nie „ausrechnen", und konnten sich nur mit einem Foulspiel helfen.

Er war auch einer der wenigen Spieler, der zwei gleich starke Spielbeine hatte. Er schoss seine Tore mit dem linken Fuß, rechten Fuß, den Oberschenkeln und auch mit dem Kopf.

Er führte den Ball ganz eng am Fuß, seine Bewegungen wirkten spielerisch, elegant und ohne hohen Kraftaufwand. Er zirkelte Bälle über seine Gegenspieler ins Tor oder überholte sie dabei, und schloss dann mit einem „Riesenhammer" ins Tor ab. Seine Finten und Tricks waren so lässig, dass man sie getrost im Zirkus hätte aufführen können.

Ja , Pele war seiner Zeit 30 Jahre voraus. Auch heute noch könnte er mit diesen Leistungen in der brasilianischen Nationalmannschaft spielen.

Seine Überlegenheit gegenüber anderen Spielern war noch größer, als die Überlegenheit von z.B. Messi und Ronaldo im Vergleich zu den Spielern ihrer Zeit.

 # Vier Sterne am Fußballhimmel

Pele wird Weltmeister

Bei der Weltmeisterschaft 1958 in Schweden kann Pele in den ersten beiden Partien gegen Österreich und England nicht antreten. Sein Knie ist nach einem Sturz immer noch verletzt.

Gegen die Sowjetunion ist es endlich soweit, Pele wird aufgestellt. Brasilien gewinnt 2:0, er selber trifft aber noch nicht.

Im Viertelfinale gegen Wales steht es nach 45 Minuten lediglich 0:0. Doch im Verlauf der 2. Halbzeit beginnt der große Auftritt von Pele.

Didi spielt ihn an, Pele nimmt den Ball mit der Brust an, lupft ihn über den Kopf eines walisischen Gegenspielers, umläuft ihn, und schießt auf das Tor. Pele hat Glück, der Ball wird abgefälscht, und landet unhaltbar im Tor.

Das ganze Stadion jubelt, wann hat man jemals so ein Tor gesehen. Damals wurde ein statischer Kraftfußball gespielt, und jetzt kam ein eleganter, kreativer und technisch perfekter Spieler auf die große „Fußball-Bühne".

Im Spiel gegen Frankreich schießt Pele innerhalb von 17 Minuten drei Tore in Form eines Hattricks. Im Finale gegen Schweden erzielt er das 3:1 und das 5:1.

Beim 5:1 springt er wesentlich höher als seine zwei Bewacher, und köpft den Ball mit einer unglaublichen Flugbahn in Bogenform genau in eine Torecke.

Der schwedische Verteidiger Sigge Parling, der von Pele übersprungen wurde, sagte später:"Ich hätte fast für diesen Treffer applaudiert."

Nach Abpfiff des Spiels ist Brasilien zum ersten Mal Weltmeister, Pele wird vom Spielfeld getragen, man sieht

Vier Sterne am Fußballhimmel

Tränen auf dem Gesicht des 17-Jährigen.

Im Heimatland wird die Mannschaft tagelang zu Festessen und Partys eingeladen. Jeder möchte den Spielern die Hand schütteln. Pele wird in seiner Heimatstadt Bauru mit einer Siegesparade empfangen. Ein Auto der Marke Romisetta wird ihm ebenfalls geschenkt. Pele hat noch keinen Führerschein, daher schenkt er den Wagen kurzerhand seinem Vater.

Bei seinem Verein Santos steigt Pele zum ersten Mittelstürmer auf, sein Gehalt steigt enorm an. Hierauf kauft er seinen Eltern ein schönes Haus.

Von 1957 bis 1965 wird Pele neumal hintereinander Torschützenkönig der Meisterschaft des Bundesstaates Sao Paulo (!). Weiterhin bricht er dabei den Rekord von 39 Toren in einer Saison mit 58 Treffern. Bei einem Spiel gegen Fluminense trickst er gleich sechs Gegenspieler aus, und schießt den Ball ins Tor. Pele bekommt aus der ganzen Welt üppige Angebote von Spitzenclubs, aber der brasilianische Präsident Janio da Silva Quadros erklärt ihn umgehend zum „Nationalheiligtum", welches unverkäulich ist (!). Pele beugt sich dieser Maßnahme.

1966 heiratet er Rosemeri, im Januar bekommen sie ihr erstes Kind Kelly Cristina, drei Jahre später folgt Sohn Edinho und 1978 schließlich Tochter Jennifer. Pele wird noch mehr Kinder bekommen, aber nicht mit Rosemeri, dazu später mehr.

Zur Fußball-Weltmeisterschaft 1962 reist Pele mit einer Leistenzerrung. Im Spiel gegen die Tschechoslowakei fällt er plötzlich zu Boden, und kann nur noch mit starken Schmerzen weiterspielen. Das Auswechseln eines Spielers war zu dieser Zeit noch nicht erlaubt.

 # Vier Sterne am Fußballhimmel

Pele hält die 90 Minuten durch, danach ist das Turnier allerdings für ihn beendet.

Obwohl Brasilien trotzdem Weltmeister wird, ist er sehr enttäuscht. Doch seine Pechsträhne sollte noch länger anhalten. 1966 ist Pele vollkommen pleite. Sein Geschäftspartner Pepe Gordo investierte sein Geld in die „falschen" Firmen, die Verluste machten oder komplett bankrott gingen. In dieser Zeit gewinnt Pele mit Santos einen Titel nach dem anderen, und vertraut Pepe sein Geld „blind" an. Einige Monate vor der Heirat von Pele und Rosemeri steht Gordo vor ihm, und räumt ein, dass sein ganzes Geld weg ist.

Pele spricht darüber mit seinem Verein, die ihm prompt eine größere Summe Bargeld aushändigen. Im Gegenzug muss er aber einen Vertrag zu schlechteren Konditionen unterschreiben.

Bei der Fußball-Weltmeisterschaft 1966 hofft Pele nun auf eine hohe Siegprämie, damit er sich finanziell schneller erholen kann. Aber die WM wird für Brasilien ein Desaster.

Die Mannschaft besteht nur aus Einzelspielern, ein harmonisches Zusammenspiel ist nicht möglich.

Dazu wird Pele ständig unfair attackiert, und muss schließlich verletzt auf der Bank Platz nehmen. Brasilien scheidet auch noch in der Vorrunde aus, Pele ist vollkommen niedergeschlagen. Schließlich will er nie mehr an einer WM teilnehmen.

Nur langsam erholt er sich von diesen Rückschlägen, und am 19.11.1969 schießt er sein 1000. Tor im Spiel Santos gegen Vasco da Gama im Maracana-Stadion. Mittlerweile verdient Pele auch Geld mit Werbung, und kann seine Schulden komplett tilgen. Der Wohlstand kommt endlich zurück.

 # Vier Sterne am Fußballhimmel

1970 ist die Fußball-Weltmeisterschaft in Mexiko. Pele hat sich doch entschlossen aktiv daran teilzunehmen. Ausgerechnet gegen Uruguay spielt Brasilien im Halbfinale. Wir erinnern uns an das Versprechen, das Pele seinem Vater gab, als Brasilien 1950 gegen Uruguay verloren hatte.

Nach knapp 20 Minuten steht es aber 1:0 für Uruguay, die Brasilianer mit Pele werden nervös. Doch sie können das Spiel noch drehen, und gewinnen schließlich 3:1. Brasilien steht im Finale, Uruguay ist besiegt, so wie Pele es seinem Vater damals vor dem Radio geschworen hatte.

Im Endspiel wird Italien dann klar besiegt. Brasilien wird zum dritten Mal Weltmeister.

Pele hat nun seinen Zenit längst überschritten. Am 18. Juli 1971 bestreitet er sein Abschiedsspiel in der Nationalmannschaft im Maracana-Stadion. Aber erst drei Jahre später, am 2. Oktober 1974, tritt er zum letzten Mal für Santos an. Santos spielt zu Hause gegen Ponte Preta. Hier sollte es nach zwanzig Minuten zu einer großen Überraschung kommen. Pele fängt einen Pass mit beiden Händen, trabt zum Mittelkreis, und legt den Ball auf den Anstoßpunkt. Er kniet sich auf den Rasen, und winkt den Zuschauern zu. Er weint, und jeder weiß, Pele wird genau in diesem Moment seine Karriere beenden.

Er verlässt daraufhin den Platz. Das vielleicht größte Fußball-Genie aller Zeiten hat die große Fußballbühne verlassen.

Pele plant nun ein Leben als Geschäftsmann und Fußballkommentator. Aber wieder sollte „Alles" ganz anders kommen. Erneut geht es mit Peles Finanzen bergab, weil er unüberlegt als Bürge für ein Unternehmen unterschrieben hat, welches dann bankrott ging.

 # Vier Sterne am Fußballhimmel

Pele braucht dringend Geld, und nimmt ein Angebot vom Verein Cosmos New York an. Er zieht mit seiner Familie nach Manhattan, und spielt bei Cosmos mit Hobby-Fußballern vor wenigen Zuschauern, aber mit dem Geld vom Verein kann die Familie gut leben. Doch die Fußball-Künste von Pele begeistern alle Spieler und Zuschauer. Bald vervielfachen sich die Zuschauerzahlen, jeder will Pele sehen.

Bereits 1976 muss Cosmos die Spiele ins Yankee-Stadion verlagern, eine große Baseball-Arena mit über 50.000 Sitzplätzen. Weitere große Fußball-Stars wie Franz Beckenbauer, der italienische Torschützenkönig Giorgio Chinaglia und der portugiesische Star Eusebio spielen nun für Cosmos.

1977 gewinnt Pele mit Cosmos die Meisterschaft. Am 1. Oktober 1977 kommt es zum endgültigen Abschied vom aktiven Fußball. Das Abschiedsspiel findet zwischen Cosmos und seinem alten Verein FC Santos statt. Pele spielt die erste Halbzeit für Cosmos, die zweite für Santos.

Nach Spielschluss tragen die Spieler ihn auf den Schultern durchs Stadion. Pele weint, er weiß dies ist der endgültige Abschied vom Profi-Fußball. Es ist das schöne Ende einer Spieler-Karriere von über 21 Jahren.

Kurze Zeit später verdient Pele Geld als Werbeträger, und als Botschafter für UNICEF sammelt er Spenden für Kinderkrankenhäuser.

1978 bekommen Rosemeri und Pele das dritte Kind mit dem Namen Jennifer. Aber nach vielen Ehekrisen lassen sie sich noch im gleichen Jahr scheiden.

1994 heiratet Pele Assiria Seixas Lemos, eine brasilianische Psychologin und Gospelsängerin.

ie ziehen nach Brasilien, und bekommen die Zwillinge Celeste und Joshua. Aber diese Ehe wird ebenfalls nach 13 Jahren geschieden.

Heute gehören Pele eine Film-Produktionsgesellschaft, Hotels und sogar eine Radio-Station.

Aber viel Zeit verbringt er in Ruhe auf seiner Ranch Sossego in Registro. Hier besitzt er 1000 Schweine, 500 Rinder und einen See mit vielen Karpfen.

An dieser Stelle wollen wir uns im Geiste vor Pele verneigen, und ihm noch ein langes und schönes Leben wünschen. Ein Mann, der vielen Menschen über 21 jahre große Freude bereitete mit seinen einzigartigen Fußball-Künsten.

 # Vier Sterne am Fußballhimmel

Cristiano Ronaldo

Cristiano Ronaldo dos Santos Aveiro wurde am 5. Februar 1985 in Funchal (Portugal) geboren. Er ist der bekannteste portugiesische Fußballspieler aller Zeiten, und steht seit dem Sommer 2009 bei Real Madrid unter Vertrag. Weiterhin ist er Kapitän und Rekordtorschütze der portugiesischen Nationalmannschaft.

Leben und Karriere von Cristiano Ronaldo

Cristiano Ronaldo ist der Sohn von Maria Dolores dos Santos Aveiro (geboren 1954) und von Jose Dinis Aveiro (geboren 1954), der bereits 2005 verstarb. Ronaldo hat noch einen älteren Bruder, der Hugo heißt, und zwei ältere Schwestern mit den Namen Elma und Liliana. Ronaldos ältere Schwester, Liliana, ist unter dem Künstlernamen Ronalda, eine bekannte Sängerin in Portugal. Mit seinen beiden Schwestern besitzt Ronaldo zwei Modeboutiquen ebenfalls in Portugal.

Ronaldo wurde von Sporting Lissabon in einer Jugendakademie ausgebildet, und schon mit 18 Jahren von Manchester United unter Vertrag genommen. Schnell entwickelte er sich zu einem Fußball-Genie.

Erst setzte man ihn im Mittelfeld ein, später auf den linken Flügel. Hier entwickelte er sich schnell zu einem der torgefährlichsten Stürmer seiner laufenden Epoche.

Ronaldo holte u.a. drei nationale Meisterschaften in Folge mit Manchester United.

Nach dem Transfer zu Real Madrid erzielte er hier in über 300 Einsätzen durchschnittlich mehr als ein Tor

(Stand Januar 2016). In den europäischen Topligen hält er damit den Rekord aller Zeiten.

Ronaldo bekam viermal den Goldenen Schuh als bester Torschütze Europas, und wurde dreimal zum Weltfußballer des Jahres gewählt.

Im Sommer 2003 wechselte Ronaldo also von Sporting Lissabon für 17,5 Millionen Euro zu Manchester United.

Hier sollte er die Nachfolge von David Beckham auf der rechten Mittelfeldposition aufnehmen.

In der ersten Saison 2003/04 bestritt er 40 Pflichtspiele, und erzielte sechs Tore.

Nachdem Ronaldo mit Manchester United in der Meisterschaft nur den dritten Rang belegt hatte, holten sie aber den FA Cup. Hier erzielte er im Finale gegen den FC Milwall per Kopf die Führung.

2004/05 traf Ronaldo in 50 Pflichtspielen neunmal, aber wieder wurde er mit seinem Team nur Dritter in der Meisterschaft.

In der Saison 2005/06 kam er auf zwölf Treffer, Manchester United wurde Vize-Meister und gewann den Ligapokal.

Die Saison 2006/07 wurde zum Triumph für Ronaldo. Jetzt war er der Starspieler von Manchester United und einer der besten Spieler der Premier League. In dieser Saison zeigte er permanent gute Leistungen und harmonisches mannschaftsdienliches Spiel.

So wurde Manchester United nach vier Jahren endlich wieder Meister, und Ronaldo mit 17 Toren und 13 Torvorlagen der Topscorer der Liga. Am Ende dieser Saison unterschrieb er auch noch einen Fünfjahresvertrag bei Manchester United mit der besten Bezahlung von allen Spielern seines Vereins.

 **Vier Sterne am Fußballhimmel**

In der Saison 2007/08 konnte Ronaldo seine Leistung abermals steigern. Im Dezember 2007 wählte man ihn auf den zweiten Platz von Europa Fußballer des Jahres und auf den dritten Platz bei Weltfußballer des Jahres.

Kurz darauf schoss er gegen Newcastle United den ersten Hattrick seiner Profikarriere. Mit zwölf Toren trug Ronaldo erheblich an dem erneuten Gewinn der Meisterschaft von Manchester United bei. Im Champions-League-Finale holten sie gegen FC Chelsea zum ersten Mal den wichtigsten Titel im europäischen Fußball, obwohl Ronaldo im entscheidenen Elfmeterschießen nicht traf.

Vorher erzielte er aber in der regulären Spielzeit per Kopf die zeitweilige Führung.

In dieser Saison bekam er mit 31 Treffern in der Premier League den Titel des Torschützenkönigs und den Goldenen Schuh als bester Torschütze Europas. Gleichzeitig war er mit acht Treffern Torschützenkönig der Champions-League.

Insgesamt erzielte er in der Saison 2007/08 in 49 Spielen 42 Tore, und hätte damit fast den Vereinsrekord von Denis Law aus der Saison 1963/64 eingestellt.

In der Saison 2008/09 konnte Ronaldo aufgrund einer Verletzung erst ab Mitte September wieder spielen.

Trotzdem wählte man ihn in dieser Spielzeit zum Europas Fußballer des Jahres und zum Weltfussballer des Jahres.

Allerdings konnte er nicht ganz an die Leistungen der vorigen Saison anknüpfen.

Am 11. Juni 2009 wechselte Ronaldo schließlich für eine Rekord-Ablösesumme von 94 Millionen Euro (!) zu Real Madrid. Diese enorme Summe übertraf den bis dahin absoluten Rekorderlös für Zinedine Zidane sehr deutlich.

Hier müssen wir erwähnen, dass Sepp Blatter und Ronaldo diese Summe für vollkommen gerechtfertigt erklärten (!).

Einziger Kommentar: Am 23. Juni schrieb die spanische Tageszeitung „Marca", dass Real Madrid die Ablösesumme von Ronaldo vorläufig auf eine Milliarde Euro festgesetzt habe (!).

Ronaldo hatte bei den Madrilenen eine Superstart. In den ersten vier Spieltagen der Saison 2009/10 erzielte er mindestens je ein Tor, in den ersten beiden Champions-League Spielen jeweils zwei Treffer.

Danach verletzte er sich in einem Länderspiel, und musste sechs Wochen pausieren. Für Real Madrid war dies eine Katastrophe. Ohne Ronaldo gewannen sie nur eines der folgenden fünf Spiele, und gaben die Tabellenspitze ab.

Danach erzielte Ronaldo ein Tor nach dem anderen, aber trotz 96 Punkte am Saisonende wurden sie nur Vize-Meister, obwohl Real Madrid insgesamt 102 Tore schoss.

Die Saison 2010/11 begann für Ronaldo nicht optimal.

Erst am vierten Spieltag schoss er sein erstes Saisontor. Danach ging es aber steil bergauf. Gegen Racing Santander erzielte er erstmals in seiner Profi-Karriere vier Tore in einem Spiel.

Nach Beendigung der Hinrunde führte er mit 22 Toren die Torschützenliste der Primera Division an.

Auch ein weiterer Rekord sorgte für Aufsehen, weil er nach 51 Ligaspielen die 50-Tore-Marke erreichte. Hierdurch übertraf er alle Vereinslegenden wie Ferenc Puskas, Alfredo Di Stefano und Pahino. Diese brauchten 54, 56 und 57 Spiele, um die 50-Tore-Marke zu knacken.

# Vier Sterne am Fußballhimmel

2011 holte Ronaldo mit Real Madrid den ersten Titel. Im Finale des Copa del Rey wurde der FC Barcelona geschlagen, wobei Ronaldo das Siegtor zum 1:0 erzielte. Weiterhin brach er fleißig weitere Rekorde. So holte er sich mit 41 Saisontoren den Torrekord der Primera Division. Mit neun Treffern in drei aufeinanderfolgenden Ligaspielen kam es zu einem weiteren Vereins- und Ligarekord. Auch wurde er zum zweiten Mal mit dem Goldenen Schuh als bester Torschütze Europas geehrt.

Am Ende der Saison standen für Ronaldo 86 Tore nach 89 Pflichtspielen für Real Madrid auf dem Konto, darunter 66 Tore in 63 Ligaspielen. Damit sicherte er sich nach nur zwei Spielzeiten (!) einen Platz in den Top 20 der erfolgreichsten Torschützen der Vereinsgeschichte der „Königlichen".

Die Saison 2011/12 zeigte Ronaldo endgültig als den absoluten Chef seiner Mannschaft. Er kam als einziger Spieler im Kader in allen Ligapartien zum Einsatz, und führte seinen Verein nach drei Jahren mit einem neuen Punkte- und Torrekord erstmals wieder zur spanischen Meisterschaft. Mit seinen Toren und Vorlagen war er an insgesamt 58 Treffern beteiligt und wie in den beiden Vorjahren hauptverantwortlich dafür, dass Real Madrid den besten Sturm der Liga besaß. Mit zusätzlichen zehn Toren in der Champions League, aus welcher Real Madrid im Halbfinale gegen den FC Bayern München ausschied, und vier Treffern im spanischen Pokal bzw. Supercup kam Ronaldo in 55 Pflichtspielen auf insgesamt 60 Tore.

In seinen ersten drei Jahren bei den „Königlichen" erzielte Ronaldo in 144 Pflichtspielen 146 Tore.

Wir möchten hier erwähnen, dass wir längst nicht mehr alle neuen Rekorde von Ronaldo hier aufführen.

 # Vier Sterne am Fußballhimmel

In der Saison 2012/13 hielt Ronaldo seine Topform bei, und holte mit Real Madrid die Supercopa de Espana, aber die spanische Meisterschaft konnten sie diesmal nicht gewinnen. Viele Spieler der „Königlichen" konnten nicht ihre optimale Leistungsfähigkeit erreichen.

Die Saison 2013/14 schloss Real Madrid mit dem dritten Rang ab. Ronaldo wurde zum zweiten Mal spanischer Torschützenkönig mit 31 Toren in 30 Ligaspielen, und zum dritten Mal mit dem Goldenen Schuh als bester Torjäger Europas geehrt. Am 13. Januar 2013 wählte man ihn zum zweiten Mal zum Weltfußballer des Jahres.

Im April des gleichen Jahres gewann Ronaldo mit Real Madrid den spanischen Pokal im Finale gegen FC Barcelona.

In der Champions League traf Ronaldo im Achtelfinale viermal gegen den FC Schalke 04, im Viertelfinale einmal gegen Borussia Dortmund und im Halbfinale zweimal gegen den FC Bayern München. Im Finale gewann Ronaldo mit Real Madrid durch einen 4:1-Erfolg nach Verlängerung gegen Aletico Madrid, und sicherten sich den zehnten Champions-League-Titel. Mit insgesamt 17 Treffern in elf Spielen brach Ronaldo den Torrekord von Jose Altafini und Lionel Messi deutlich (je 14 Tore), und war somit auch zum dritten Mal Torschützenkönig der Champions League.

Ronaldo bestritt im Saisonverlauf insgesamt 47 Pflichtspiele in Verbindung mit 51 erzielten Treffern. Hiermit traf er in 246 Spielen für Real Madrid 252mal.

Am 12. Januar 2014 wählte man Ronaldo zum dritten Mal zum Weltfußballer des Jahres, aber in der neuen Saison kam es zu einem deutlichen Leistungseinbruch von Real Madrid und auch Ronaldo.

Allerdings konnte er am 5. April 2015 bei einem 9:1 Sieg gegen den FC Granada erstmals in seiner Profi-Karriere fünf Tore in einem Spiel schießen.

Ein paar Tage später erzielte er in seinem 288. Spiel sein 300. Pflichtspieltor für die „Königlichen".

Auch holte er sich als erster Spieler zum vierten Mal den Goldenen Schuh.

Kommen wir zur Saison 2015/2016 (Stand Januar 2016). Bereits am dritten Spieltag erzielte Ronaldo gegen Espanyol Barcelona zum zweiten Mal in seiner Profi-Karriere fünf Tore in einem Spiel. Jetzt hatte bereits mit 230 Toren in 203 Spielen den vorhergehenden besten Ligaschützen des Vereins (Raul) abgelöst.

Kurze Zeit später holte er sich nach einem weiteren Hattrick beim 4:0 Sieg gegen Schachtar Donezk in der Champions-League mit insgesamt 80 Treffern die Führung in der ewigen Champions-League-Torschützenliste, gefolgt von Lionel Messi mit 77 Toren.

 # Vier Sterne am Fußballhimmel

Aufgrund der im Endspiel der Europameisterschaft erlittenen Verletzung versäumte Ronaldo zu Beginn der Saison 2016/17 drei Pflichtspiele. Am 7. November 2016 verlängerte er seinen Vertrag bei Real Madrid vorzeitig um drei Jahre bis Juni 2021. Am 19. November erzielte Ronaldo alle Tore beim 3:0-Auswärtssieg gegen Atlético Madrid und löste Alfredo Di Stéfano als Rekordtorschütze des Derbi madrileño ab Im Dezember erzielte Ronaldo im Finale der FIFA-Klub-Weltmeisterschaft seinen 40. Hattrick für Real Madrid und wurde infolge des Titelgewinns als Torschützenkönig und Spieler des Turniers mit einer Auszeichnung geehrt. Weiter-hin wurde er zum vierten Mal zum Weltfußballer des Jahres gewählt.

Zu Beginn der Saison 2017/18 gewann Ronaldo gegen den FC Barcelona zum zweiten Mal den spanischen Supercup. Am 16. Dezember 2017 erzielte er im Finale der FIFA-Klub-WM gegen Grêmio Porto Alegre per Freistoß das 1:0-Siegtor und holte zum vierten Mal diesen Titel. Für seine Leistungen 2017 wurde er zum fünften Mal als Weltfußballer des Jahres ge-wählt. Mit einem Saisonschnitt von einem Tor pro Match und insgesamt 44 Toren befand sich Ronaldo am Ende der Spielzeit bei 450 Toren in 438 Pflichtspielen für Real Madrid.

 # Vier Sterne am Fußballhimmel

2018/19 wechselte Ronaldo im Alter von 33 Jahren in die italienische Serie A zu Juventus Turin. Er unterschrieb einen Vertrag mit einer Laufzeit bis zum 30. Juni 2022 und kostete 100 Millionen Euro Ablöse.

Ronaldo schoss zehn Tore in den ersten 14 Ligaspielen und so viele wie kein anderer Juventus-Neuzugang seit John Charles in der Saison 1957/58.

Im Januar 2019 erzielte er im Spiel um die Supercoppa Italiana das 1:0-Siegtor gegen die AC Mailand und holte seinen ersten Titelgewinn mit Juventus. In der K.-o.-Phase der Champions League erzielte Ronaldo alle fünf Tore seiner Mannschaft, dabei auch einen Hattrick zum 3:0-Sieg im Achtelfinalrückspiel gegen Atlético Madrid, der Juventus trotz einer 0:2-Hinspielniederlage das Weiterkommen sicherte.

Am 20. April 2019 sicherte er sich mit Juventus fünf Spieltage vor Saisonende vorzeitig die italienische Meisterschaft. Ronaldo ist somit der erste Fußballer mit Meistertiteln in England, Spanien und Italien, sowie der erste Spieler, der in den drei genannten Ländern als Fußballer des Jahres ausgezeichnet wurde.

# Vier Sterne am Fußballhimmel

Spielweise von Cristiano Ronaldo

Ronaldo ist ein beidfüßiger Spieler, und erzielt tatsächlich mit beiden Füßen eine etwa gleiche Schusshärte und -präzision. Im Sturm kann er auf jeder Position eingesetzt werden. Als großes Hauptmerkmal gilt vor allem seine perfekte Technik. Neben seinem Markenzeichen, dem mehrfachen „Übersteiger", hat sich Ronaldo ein großes Repertoire an Offensivtricks und Finten angeeignet.

Durch seine hohe Antrittsschnelligkeit ist er sehr oft in Sprintduellen gegen die Verteidiger erfolgreich, wobei er diese sowohl in Laufduellen auf dem Flügel oder beim Zug in die Mitte „kaltstellt". Aufgrund des harten Schusses ist er von außerhalb des Strafraums ebenso torgefährlich wie im Strafraum. Durch seine enorme Sprungkraft und Kopfballtechnik gehört auch das von Flügelspielern zumeist etwas vernachlässigte Kopfballspiel zu Ronaldos Stärken. Darüber hinaus erscheint er häufig als Freistoßschütze, wobei er mit einer einzigartigen Schusstechnik, vor allem aufgrund eines unberechenbaren Effetstoßes, gegnerische Torhüter gelegentlich vor unlösbare Aufgaben stellt.

Cristiano Ronaldo in der Nationalmannschaft

Ronaldo spielte bereits 2002 in der portugiesischen U-17-Nationalmannschaft bei der Europameisterschaft mit. Am 20. August 2003 spielte er zum ersten Mal in der A-Nationalmannschaft von Portugal gegen Kasachstan.

2004 wurde Ronaldo vom Nationaltrainer Luiz Felipe Scolari in den Kader der EM 2004 beordert.

 **Vier Sterne am Fußballhimmel**

Im Verlauf des Turniers erkämpfte er sich einen Stammplatz. Ronaldo erzielte bei der 1:2 Niederlage im Eröffnungsspiel gegen Griechenland als auch im Halbfinale beim 2:1 Sieg gegen die Niederlande ein Tor. Allerdings unterlag Portugal mit Ronaldo im Finale gegen Griechenland mit 0:1, und verpasste ganz knapp den ersten großen Titel der Nation im Fußball.

Bei der WM 2006 in Deutschland war Ronaldo der große Leistungsträger der portugiesischen Nationalelf. Allerdings endete die WM für Portugal nach zwei Niederlagen gegen Frankreich und Deutschland auf dem vierten Platz. Immerhin war dies nach dem dritten Platz bei der WM 1966 der größte Erfolg der portugiesischen Nationalmannschaft.

Bei der erfolgreichen Qualifikation für die EM 2008 traf Ronaldo insgesamt achtmal. Im Viertelfinale verloren sie hier bereits gegen Deutschland mit 2:3.

Bei der WM 2010 enttäuschte Ronaldo, und Portugal unterlag schon im Achtelfinale gegen den späteren Turniersieger Spanien mit 0:1. Im gesamten Turnier erzielte Ronaldo lediglich einen Treffer.

Auch bei der EM 2012 konnte er nicht hundertprozentig überzeugen.

Im Viertelfinale traf er allerdings entscheidend zum 1:0 Erfolg gegen Tschechien, aber im Halbfinale scheiterte Portugal im Elfmeterschießen gegen die Spanier. Ronaldo war mit seinen insgesamt drei Toren gemeinsam mit fünf weiteren Spielern der beste Torschütze der EM.

Bei der WM 2014 schied Portugal mit Ronaldo bereits in der Vorrunde aus.

Vier Sterne am Fußballhimmel

Lionel Messi

Lionel „Leo" Andres Messi Cuccittini wurde am 24. Juni 1987 in Rosario geboren. Er besitzt inzwischen neben der argentinischen Staatsangehörigkeit auch die spanische.

Schon mit 13 Jahren spielte Messi für den FC Barcelona, hier wurde er mit 24 Jahren Rekordtorschütze. Mittlerweile ist er auch Rekordtorschütze der Primera Division.

Von 2009 bis 2012 wurde er viermal zum weltbesten Fußballer des Jahres gewählt, 2015 zum fünften Mal (!).

Die spanische Meisterschaft holte er siebenmal mit dem FC Barcelona und dreimal die Copa del Rey.

Seit geraumer Zeit besteht ein durch die Medien stilisierter Wettkampf zwischen Messi und seinem Rivalen Cristiano Ronaldo um Torrekorde und die Wahl zumWeltfußballer.

Leben und Karriere von Messi

Beginnen wir mit einer kuriosen Geschichte aus der Kindheit von Messi. Er meldete sich mit fünf Jahren bei Fußballverein Grando FC an, wechselte drei Jahre später (1995) zu Newell`s Old Boys, und wanderte im Jahr 2000 mit seinen Eltern und drei Geschwistern nach Barcelona aus.

Der Grund war es, der argentinischen Wirtschaftskrise zu entkommen. Außerdem erhoffte man sich hier das Geld für die Behandlung einer Hormonstörung (900 Dollar pro Monat) für Messi, leichter besorgen zu können. Er litt an einer Wachstumsstörung. Mit 13 Jahren war er lediglich 1,40 m groß.

In Argentinien wurde er deswegen in guten argentinischen

Vereinen nicht aufgenommen.

Jetzt wandten sich die Eltern an den FC Barcelona. Bei einem dortigen Probetraining waren alle von Messi sofort begeistert, und zahlten ihm umgehend 600 Euro monatlich (!). Außerdem übernahm der Verein die Therapiekosten gegen die Wachstumsstörungen.

In seinem ersten Spiel in der Jugendmannschaft des FC Barcelona, traf er fünfmal.

Seit der Saison 2004/05 spielt er für die erste Mannschaft des Vereins, und kam in dieser Zeit auf sieben Einsätze.

2005/06 gewann er mit dem FC Barcelona schon seine zweite Meisterschaft und zum ersten Mal die Champions League.

Inzwischen war Messi eines der größten Talente des argentinischen Fußballs, jeder sah in ihn den Nachfolger von Diego Maradona.

Dafür sorgte besonders sein Tor zum 2:0 für Barcelona im Pokal gegen FC Getafe am 18. April 2007. Hier sprintete er innerhalb von 12 Sekunden über das halbe Spielfeld, umspielte dabei vier Feldspieler und den Torwart.

Dieses Tor wurde mit dem WM-Tor des Jahrhunderts von Maradona am 22. Juni 1986 im WM-Viertelfinalspiel zwischen Argentinien gegen England von vielen Experten gleichgesetzt.

2009 nahm Messi ein Angebot von Manchester City in Verbindung mit einer Ablösesumme von 112 Millionen Euro nicht an.

Nur zwei Monate später erhöhte der Verein auf 150 Millionen Euro (!) und einem Netto-Jahresgehalt von 12 Millionen Euro.

# Vier Sterne am Fußballhimmel

Exkurs: Wir müssen hier erwähnen, dass in diesen astronomischen Gehältern noch keine Werbeeinnahmen der Spieler enthalten sind. Es wird in Zukunft vermutlich darauf hinauslaufen, dass die Gehälter ohne Werbeeinnahmen hier auf 50 bis 300 Millionen Euro pro Jahr ansteigen werden.

Steigen die Gehälter der allgemeinen Bevölkerung in gleicher Relation an?

Nein, hier sinken zum Teil sogar die Reallöhne. Wir haben hier nur ein Beispiel eingebracht, warum weltweit der Unterschied zwischen „reich" und „arm" immer weiter ansteigt, und immer mehr Menschen auf diesem Planeten in die Armut oder relative Armut abrutschen.

Dieser Kommentar ist nur als kleiner Denkanstoß gedacht. Überlegen Sie mal, wie wenig Arthur Friedenreich verdient hat, der beste Fußballer der Welt, zumindest zu seiner Zeit.

Gleiches wird mit den Ablösesummen geschehen. Diese werden laut unserer Prognose auf 300 bis 1000 Millionen (!) Euro ansteigen.

Doch kommen wir auf Messi zurück. Am 27. Mai 2009 gewann er mit dem FC Barcelona das Finale der Champions League gegen Manchester United, wobei er selbst zum 2:0 Endstand einköpfte.

In diesem Jahr holte FC Barcelona auch das erste Triple der Vereinsgeschichte.

Messi verlängerte 2009 seinen Vertrag bei FC Barcelona bis 2016 (!), sein Gehalt wurde auf etwa 12 Millionen pro Jahr erhöht, und seine Ablösesumme auf 250 Millionen Euro (!) festgesetzt.

 # Vier Sterne am Fußballhimmel

Am 6. April 2010 sorgte Messi für großes Aufsehen. FC Barcelona siegte 4:1 im Viertelfinal-Rückspiel der Champions-League gegen den FC Arsenal. Messi erzielte alle vier Treffer, dabei war ein Hattrick in der ersten Halbzeit (!).

Die Saison 2009/10 war ein hervorragendes Jahr für Messi. Er erzielte in 53 Pflichtspielen 47 Tore, mit 34 Toren wurde er gleichzeitig Torschützenkönig der Liga. Doch am 23. April 2011 kam es noch besser. Hier schoss er sein 50. Saisontor im 49. Pflichtspiel, und stellte somit den Torrekord pro Saison von Ferenc Puskas ein.

Im gleichen Jahr erzielte er in der laufenden Champions-League Saison 12 Tore, und stellte hiermit den Rekord von Ruud van Nistelrooy ebenfalls ein. Messi ist bisher der einzige Spieler, der in der Champions-League dreimal hintereinander Torschützenkönig wurde (Stand 2016), den dritten Champions-Titel holte er 2011 mit dem FC Barcelona ebenfalls. Zur gleichen Zeit erhielt er zum dritten Mal in Folge die Trofeo Alfredo Di Stefano für den besten Spieler der spanischen Liga, wurde von der UEFA zum „Besten Spieler in Europa" ausgerufen und zum dritten Mal in Folge zum Weltfussballer des Jahres gewählt.

Am 7. März 2012 stellte er einen neuen Rekord auf. Er schoss beim 7:1 Heimspielerfolg im Achtelfinal-Rückspiel gegen Bayer 04 Leverkusen fünf Tore in einem Match der Champions-League. Dies schaffte vorher kein anderer Spieler. In der gleichen Saison erzielte er 91 Tore in 69 Pflichtspielen, und übertrumpfte damit sogar Gerd Müller, der 1972 85 Tore in 60 Pflichtspielen schoss.

Anfang 2013 erfolgte der nächste Rekord, Messi wurde zum vierten Mal Weltfussballer des Jahres.

 # Vier Sterne am Fußballhimmel

Gleichzeitig stieg sein Gehalt auf 13 Millionen Euro pro Jahr an (mit Werbeeinnahmen sogar auf 35 Millionen Euro). Zu diesem Zeitpunkt verdiente nur David Beckham mehr.

Ja, und weiter geht die Rekordjagd von Messi. Am 22. November 2014 schoss er sein 253. Ligator, und hat damit den alten Rekord von Telmo Zarraonaindia endgültig „ausradiert" (wie hoch wird er diesen Rekord noch treiben?).

Drei Tage später in der Champions-League brach Messi beim 4:0 Sieg (Messi traf dreimal) bei APOEL Nikosia den 71 Tore-Rekord von Raul, und erhöhte diesen auf 74.

Seitdem streitet er mit Cristiano Ronaldo um diesen Rekord, der erstmals am ersten Gruppenspieltag der Champions-League-Saison 2015/16 mit 80 Treffern die alleinige Führung übernahm. Messi kam zu diesem Zeitpunkt auf 77 Treffer.

 # Vier Sterne am Fußballhimmel

2015/16 verteidigte Barcelona das Double aus Liga und Pokal erfolgreich. Messi gewann holte damit seine achte nationale Meisterschaft. Mit 26 Toren wurde er drittbester Torschütze hinter Luis Suárez (40) und Cristiano Ronaldo (35).

Mit 80 Treffern übernahm Ronaldo von Messi am ersten Gruppenspieltag der Champions-League-Saison 2015/16 zum ersten Mal die Führung als Torschützenkönig in der Champions League. Beide Spieler erhöhten somit die Anzahl der Tore auf über hundert Tore, wobei Messi die bessere Torquote pro Spiel hat.

Am 23. April 2017 schoss er beim 3:2-Auswärtssieg gegen Real Madrid im 174. Clásico der spanischen Ligageschichte mit dem Siegtreffer in der Nachspielzeit der zweiten Hälfte sein 500. Pflichtspieltor für den FC Barcelona. Die Saison beendete Barcelona mit dem dritten Copa del Rey-Gewinn in Folge. Das Jahr 2017 beendete Messi mit insgesamt 54 Toren für Klub und Nationalmannschaft wodurch er im letzten Spiel im Jahr gegen Real Madrid mit seinem 526. Pflichtspieltor für den FC Barcelona Gerd Müllers Rekord für die meisten Tore für einen Verein aus den europäischen Topligen überholte.

 # Vier Sterne am Fußballhimmel

In der Saison 2017/18 holte Messi mit dem FC Barcelona seine neunte Meisterschaft. Mit 34 Ligatoren bekam er auch seinen jeweils fünften Pichichi als bester Torschütze in La Liga und Goldenen Schuh als bester Torschütze in Europas Fußballligen. Mit dem vierten Gewinn der Copa del Rey in Folge erreichte er mit seiner Mannschaft, neben zwei Gewinnen des Triples, bereits das dritte Double in seiner Karriere. Am 7. Januar 2018 erzielte Messi sein 1000. offiziell registriertes Tor seiner Karriere beim 3:0 Sieg über Levante. Im Rückspiel der Copa del Rey 2018/19 gegen den FC Sevilla erzielte Messi seinen 50. Treffer in 70 Spielen und kommt damit in der Liste der zehn erfolgreichsten Torschützen als einziger noch aktiver Spieler damit auf dem 6. Platz vor Ferenc Puskás und László Kubala.

Am 23. Februar 2019 drehte Messi beim 4:2 gegen den FC Sevilla das Spiel und erzielte seinen dritten Hattrick in der Saison, den 33. Hattrick in der Liga, den 44. mit Barcelona und den 36. Treffer in 37 Spielen gegen den FC Sevilla.

Am 31. März 2019 erzielte Messi beim 2:0 gegen Espanyol Barcelona seine Treffer 30 und 31 in der spanischen Liga und schoss zusammen mit den Toren in der Champions League (8) sowie dem spanischen Pokal (2) damit in den vergangenen zehn Jahren in jeder Saison mehr als 40 Tore.

 # Vier Sterne am Fußballhimmel

In der Primera División gewann Messi mit dem FC Barcelona seine zehnte Meisterschaft. In allen Wettbewerben schoss er insgesamt 51 Tore und 22 Torvorlagen in 50 Spielen. Mit 36 Ligatoren sicherte er sich den sechsten Pichichi (Rekord) als bester Torschütze in La Liga und zum sechsten Mal den Goldenen Schuh als Torschützenkönig Europas.

Am 1. Mai 2019 erzielte er zwei Tore und damit sein 600. Tor beim 3:0 beim Sieg im Halbfinale-Hinspiel gegen den FC Liverpool. Dieses Tor gegen den amtierenden Welttorhüter Alisson Becker wurde von UEFA letztendlich zum Goal of the Season 2018/19 gewählt. Am 24. September 2019 wurde er bei den Best FIFA Football Awards vor Virgil Van Dijk und Cristiano Ronaldo zum sechsten Mal zum besten Spieler der Welt gekürt.

Messi in der Nationalmannschaft

Schon bei der U-20 Weltmeisterschaft 2005 traf Messi sechsmal, und wurde Torschützenkönig.

Am 17. August 2005 spielte er zum ersten Mal in der argentinischen A-Nationalmannschaft gegen Ungarn. Doch der Start verlief nicht optimal, schon nach wenigen Sekunden seiner Einwechslung bekam er wegen einer Tätlichkeit die Rote Karte.

Erst in seinem sechsten Länerspiel gelang Messi am 1. März 2006 gegen Kroatien ein Tor.

Bei der Weltmeisterschaft 2006 gelang ihm im Vorrundenspiel gegen Serbien und Montenegro sein erstes WM-Tor mit nicht einmal 19 Jahren.

 # Vier Sterne am Fußballhimmel

Bei der Copa America 2007 holte Messi mit Argentinien den zweiten Platz. Er selber erzielte hierbei zwei Tore in sechs Spielen.

Bei der Weltmeisterschaft 2010 enttäuschte Messi insgesamt. Nach einer anfangs guten Vorstellung unterlag er mit Argentinien auch noch im Viertelfinale der deutschen Nationalmannschaft mit 0:4.

Auch bei der Copa America 2011 war Messi nicht in Form. Er blieb ohne Torerfolg, und schied mit seinem Team im Viertelfinale gegen Uruguay aus.

Die Fußball-Weltmeisterschaft 2014 lief für Lionel Messi deutlich besser. Er erzielte insgesamt vier Treffer, und wurde zum besten Spieler des Turniers gewählt.

Allerdings scheiterte er mit Argentinien im Endspiel wieder gegen Deutschland mit 0:1 nach Verlängerung.

Die einzigartige Spielweise von Lionel Messi

Messi ist ein perfekter Dribbler, der auch bei höchster Laufgeschwindigkeit den Ball vollkommen unter Kontrolle hat.

Gleichzeitig hat er geniale Spielmacher-Qualitäten, und kann ein Spiel im Angriff jederzeit „lesen", ermöglicht durch enorme Spielintelligenz und Übersicht.

Auch in aussichtslosen Spielsituationen kann er sich manchmal gegen mehrere Gegenspieler durchsetzen.

Real Saragossas Trainer Jose Aurelio Gay sagte einmal:" Es scheint, als stünde Maradona wieder auf dem Feld, nur ist alles noch beweglicher und schneller."

 # Vier Sterne am Fußballhimmel

Früher wurde Messi überwiegend als Flügelstürmer eingesetzt, aber seit 2011 agiert er als Mittelstürmer in Form von Spielmacher und Stoßstürmer gleichzeitig. Wir haben hier also den perfekten Spielmacher (!).

Durch diese Aufstellungsvariante vergrößerte sich Messis Torgefährlichkeit gravierend. Er traf in der Saison 2011/12 (hier spielte er zum ersten Mal Mittelstürmer) 50mal. In der Saison davor erzielte er „nur" 31 Treffer.

Der fünfte Stern am Fußballhimmel

Der fünfte Stern am Fußballhimmel

Nun stellt sich die Frage, wer wird der fünfte Stern am Fußballhimmel sein?

Es kann nur ein Spieler sein, der noch einmal deutlich besser sein wird als die vier "Sterne" zuvor. Spieler wie Messi, Ronaldo, Pele oder Friedenreich wird es fast in jedem Jahrzehnt erneut geben. Doch wer ist dieser Spieler? Steht er schon als Profi auf dem Platz, ein ganz junger Spieler?

Nein, noch ist dieser Wunder-Fußballer nicht erkennbar. Die Ausnahmespieler wie Eden Hazard (27) von FC Chelsea, Raphael Varane (25) von Real Madrid, Mohamed Salah (26 Jahre) von FC Liverpool, Kylian Mbappe (19 Jahre) von Paris Saint-Germain, Antoine Griezmann (27) von Atletico Madrid, Luka Modric (33) von Real Madrid noch Erling Haaland (19) von Borussia Dortmund werden diesen Platz vermutlich einnehmen können. Es muss ein Spieler sein, der diese absoluten Ausnahmespieler noch einmal deutlich übertrifft. Dies ist theoretisch durchaus möglich, und wird irgendwann in Erscheinung treten. Dieser Athlet und Fußballer kann in ein paar Jahren auf der "Bühne" auftauchen, es können aber auch noch 50 bis 100 Jahre vergehen. Es ist nur eine Sache der Wahrscheinlichkeitsrechnung. Die Gene dieses Fußballers müssen nur einfach perfekt ausgestattet sein, wie zum Beispiel in der Leichtathletik bei dem Sprinter Usain Bolt. Aber dieser Spieler wird kommen, vorausgesetzt es kommt nicht zu einem Weltkrieg, einer riesigen Wirtschaftskrise, Mega- Naturkatastrophen, extremen Pandemien (aktuell Corona / Covid 19 könnte sich dazu entwickeln / Stand 8.4.2020 und die letzten geschriebene Zeilen in diesem Buch) oder sonstiges, der dann auch den Fußballsport in die "Steinzeit" zurückwirft.

 # Der fünfte Stern am Fußballhimmel

Folgende Punkte werden wir hier abhandeln, die der mit Abstand beste Fußballer aller Zeiten hervorragend erfüllen muss:

1. Schusskraft und Schussgenauigkeit

2. Dribbeln, Passen, Finten

3. Schnellkraft, Sprintbeschleunigung, Grundschnelligkeit, Sprungkraft usw.

4. Kopfballstärke

5. Fußballspezifische Ausdauer

6. Spielübersicht

7. Spielintelligenz

8. Körperliche Robustheit

9. Immunsystem

10. Psychologische Faktoren wie zum Beispiel Resilienz, Führungsqualitäten

 **Der fünfte Stern am Fußballhimmel**

1. Schusskraft und Schussgenauigkeit

Der beste Fußballer aller Zeiten muss natürlich über eine hervorragende Schussgenauigkeit und Schusskraft verfügen. Logischerweise ist die Schussgenauigkeit dabei wichtiger.
Betrachten wir erst einmal die fünf besten Fußballer in Bezug auf die Schussgeschwindigkeit.

Auf dem fünften Platz liegt hier David Beckham mit 156,6 km/h. Aber besondere Aufmerksamkeit erweckte dieser Ausnahmespieler wegen seiner präzisen Bogenflanken und perfekt und gefühlvoll getretenen Freistüößen.

Auf dem vierten Platz folgt David Trezeguet mit 156,8 km/h. Der französische Stürmer David Trezeguet gehörte zu den besten Stürmern seiner Generation und erzielte 10 Jahre lang für Juventus Turin Tore.
Den Treffer mit der höchsten Geschwindigkeit erzielte er allerdings für den AS Monaco im Champions League Spiel gegen Manchester United im Jahr 1998.
Mit 156,8 km/h hämmerte Trezeguet den Ball ins Tor der Red Devils. Das ist bis heute (Stand Februar 2020) der härteste Treffer der Champions League Geschichte

Den dritten Platz nimmt David Hirst mit 182,4 km/h ein.
Er ist ein ehemaliger Fußballer, der überwiegend für Sheffield Wednesday in der Premier League auf Torejagd ging.

 # Der fünfte Stern am Fußballhimmel

Auf Platz 2 kommt Arjen Robben unter Vorbehalt mit 190 km/h.

Dass Arjen Robben einen der härtesten Schüsse im Fußball hat, ist weltweit bekannt. Er läuft oft von rechts nach innen, um dann mit links auf das Tor zu schießen.

Obwohl diese Strategie mittlerweile bekannt ist, ist diese trotzdem schlecht abzublocken, weil Robben auch noch extrem schnell ist und Robben immer wieder zum Abschluss kommt. Seinen härtesten Treffer erzielte Robben allerdings nur durch Volleyabnahme im Trikot von Real Madrid gegen Borussia Dortmund.

Bei Volleyabnahmen ist eine wesentlich höhere Geschwindigkeit des Balles aus physikalischen Gründen möglich. Natürlich gehen wir hier auf die spezielle Physik nicht weiter ein, weil sie für unser Thema unwichtig ist.

Weiterhin ist es nicht hundertprozentig bewiesen, ob der Ball wirklich mit 190 km/h ins Tor einschlug.

 # Der fünfte Stern am Fußballhimmel

Auf Platz 1 liegt Ronny mit 210,9 km/h.
Sechs Jahre erzielte Ronny, der jüngere Bruder von Gladbachs
Spielmacher Raffael, für Hertha BSC die Tore.

Seinen berühmtesten Treffer schoss für Sporting Lissabon.
Dabei donnerte er in der 88. Minute einen Freistoß zum 1:0
Siegtreffer ins gegnerische Tor. Die hierbei gemessene
Geschwindigkeit betrug unglaublichen 210,9 km/h!
Einen Schuss über 200 km/h hätte niemand für möglich ge-
halten. Darum wurden technische Untersuchungen durchge-
führt, um zu prüfen, ob solch eine hohe Geschwindigkeit
überhaupt möglich ist.
Professor José Soares von der Sportfakultät der Universität in
Porto überprüfte das und kam zu einem eindeutigen Ergeb-
nis, dass bei einer optimalen Technik diese Geschwindigkeit
möglich ist.

 # Der fünfte Stern am Fußballhimmel

Welche Schussqualitäten wird nun der absolute Ausnahme-fußballer aufweisen?

Dieser Fußballer wird natürlich beidfüßig sein. Der bessere Fuß wird dabei der linke sein. Der Schuss eines perfekten "Linksfußes" ist immer etwas genauer als der eines "Rechts-fußes". Dieser Ausnahmefußballer wird also Eck-, Frei- und Strafstöße mit einer hohen Präzision treten. Hierbei wird er eine hohe Schussgeschwindigkeit mit perfekter Flugbahn ver-binden. Er braucht keine Schussgeschwindigkeiten von 200 km/h erreichen. Seine Freistöße werden dem Ball eine Ge-schwindigkeit von 100 bis 150 km/h mitgeben. Natürlich wer-den nicht alle Freistöße verwandelt werden. So einen Fußballer wird es niemals geben. Er wird aber fast alle Straf-stöße verwandeln, und sogar den ein oder anderen Eckstoß direkt in ein Tor ummünzen.

 # Der fünfte Stern am Fußballhimmel

2. Dribbeln, Passen, Finten

Dieser Punkt ist naturlich leicht abzuarbeiten. Messi war in diesen drei Punkten mit Maradona absolut ebenbürtig. Mit einem einzigen Unterschied, bei Messi ist alles noch ein klein wenig schneller und die Ballführung noch enger.

Bei unserem absoluten Ausnahmespieler wird halt alles noch einmal etwas perfekter, genauer und schneller ablaufen. Die Ballführung wird noch enger und schneller sein. Die Passgenaugkeit wird bei 98 bis 99 Prozent liegen. Durch die extreme Schnelligkeit und hohe Variation an Finten werden etwa 90 Prozent aller Zweikämpfe gewonnen.

Ist das alles Theorie oder wird das auch in der Praxis möglich sein? Ich bin fest davon überzeugt, dass es einen solchen Spieler irgendwann geben wird. Theoretisch spricht überhaupt nichts dagegen. Dieser Ausnahmespieler wird kommen, wie der Ausnahmesprinter Usain Bolt in der Leichtathletik.

 # Der fünfte Stern am Fußballhimmel

3. Schnellkraft, Sprintbeschleunigung, Grundschnelligkeit, Sprungkraft usw. / 4. Kopfballstärke

Nun stellt sich als nächste Frage, welche Sprinterqualitäten muss unser Super-Athlet erfüllen. Eines ist sicher, er muss schneller sein als die meisten Fußball-Profis.
Schauen wir uns die schnellsten Fußballer genauer an, und betrachten hierbei zunächst die Grundschnelligkeit.

10. Sergio Ramos: 30,6 km/h

9. Franck Ribery: 30,7 km/h

8 Wayne Rooney: 31,2 km/h

7. Lionel Messi: 32,5 km/h

6. Theo Walcott: 32,7 km/h

5. Cristiano Ronaldo: 33,6 km/h

4. Aaron Lennon: 33,8 km/h

3. Antonia Valencia: 35, 1 km/h

2. Jürgen Damm: 35,2 km/h

1. Der Waliser Gareth Bale mit 36,9 km/h (!) und Arjen Robben mit 37,0 km/h (!) wollen wir auf den ersten Platz setzen
.

# Der fünfte Stern am Fußballhimmel

Diese Reihenfolge kann sich jederzeit ändern, und entspricht dem Stand von März 2020.

Doch was bedeuten diese Zahlen genauer im Vergleich zu Usain Bolt, der eine Höchstgeschwindigkeit von über 45 km/h laufen kann bzw. konnte. Zwischen 37 und 45 km/h ist ja noch ein riesiger Unterschied. Dies wird aber dadurch relativiert, dass auf dem Rasenplatz und oft auch durch krumme Laufwege keine optimalen Sprintbedingungen gegeben sind. Weiterhin sind Fußballschuhe auch zu schwer für die optimale Geschwindigkeit. D.h. unter perfekten Bedingungen mit Nagelschuhen (Spikes) würde Robben vermutlich 39 km/h erreichen, fast ein Spitzensprinter.

Wie schnell kann Arjen Robben nun in etwa die 100 Meter laufen, und zwar auf Tartan und mit Spikes bei optimalen Temperaturen und erlaubtem Rückenwind?

Dies können wir leicht errechnen mit den nötigen Vorkenntnissen. 39 km/h entspricht 10,83 Meter pro Sekunde. Das wiederum bedeutet eine Zeit über 100 Meter von 9,23 Sekunden bei gleichbleibender Geschwindichkeit. Nun müssen wir aber noch 1,2 Sekunden für die Beschleunigungsphase und Sprintausdauer einrechnen (39 km/h kann nicht nach der Beschleunigung permanent gehalten werden). So kommen wir auf eine 100 Meter Zeit von 10,43 Sekunden. Nach einem Exkurs werden wir die Beweise finden, dass dieses tatsächlich der Wahrheit entspricht, obwohl es unglaublich klingt. Die schnellsten Fußballer der Welt sind fast genau so schnell wie die besten deutschen Sprinter, es fehlen nur ein bis zwei Zehntel, als ein bis zwei Meter etwa.

 # Der fünfte Stern am Fußballhimmel

Exkurs: Warum machen Spikes und Tartan so viel schneller oder warum haben die Ungaren dieses Endspiel verloren?

Ja, liebe Leserinnen und Leser diesen Zusammenhang werde ich ihnen jetzt verdeutlichen. Spikes bzw. Nagelschuhe sind viel leichter als Fußballschuhe. Das Schuhgewicht betraf auch 1954 das WM-Endspiel zwischen Deutschland und Uhgarn.

Die Hauptursache für den deutschen Erfolg war der **Regen** während des Endspiels, und das ist kein schlechter Witz. Ohne den Regen hätte Deutschland keine Chance gegen Ungarn gehabt.

Die von **Adolf „Adi" Dassler** entwickelten Fußballschuhe mit Schraubstollen verschafften den deutschen Spielern den entscheidenden Vorteil.

Während die durch den Dauerregen aufgeweichten Schuhe der ungarischen Spieler ihr Gewicht auf 1500 Gramm verdoppelten, wogen die Schuhe der deutschen zu diesem Zeitpunkt lediglich 700 Gramm. Die neuen Schuhe von Adidas nahmen kein oder nur wenig Wasser auf, außerdem boten die neuen Schraubstollen einen viel besseren Halt auf dem aufgeweichten Untergrund. Nach unserer Überzeugung waren diese beiden Faktoren der Hauptgrund für den Sieg der deutschen Nationalmannschaft.

So, jetzt können schlaue „Füchse" sagen, „was machen denn 800 Gramm bei einem Körpergewicht von 65 bis 85 Kilogramm der einzelnen Spieler aus"?

# Der fünfte Stern am Fußballhimmel

Die positiven Auswirkungen von Wettkampfschuhen werden noch heute von vielen Sportlern unterschätzt. Gehen wir hier einmal zum Langstreckenlauf der Leichtathletik. Die Läuferinnen und Läufer im vorderen Feld tragen ausschließlich leichte Laufschuhe, im hinteren sehen wir oft eine schwere Fußbekleidung. Man könnte nun zu folgender Schlussfolgerung kommen, dass die guten Platzierungen über das Gewicht der verwendeten Schuhe erzielt werden. Das ist natürlich nicht so, weil die schwereren Läuferinnen und Läufer auch meistens die schweren Trainingsschuhe im Wettkampf tragen.

Fragt man die betreffenden Personen, warum sie die schweren Schuhe tragen, bekommt man meistens folgende Antwort:"Ich brauche die Dämpfung für meine Gelenke, sonst halte ich den Wettkampf nicht durch". Aber diese Argumentation stimmt nicht, denn je stärker die Dämpfung eines Schuhs, desto mehr Energie geht verloren.

Jahrzehntelang entwickelte die Industrie irgendwelche Dämpfungssysteme in den Schuhen wie Schaum, Luftpolster, Waben usw. Geholfen hat das aber überhaupt nichts, die Verletzungshäufigkeit blieb gleich, die Laufzeiten wurden aber schlechter. Die Läuferinnen und Läufer konnten sich allerdings einfach beim Auftritt in den Schuh fallen lassen, mussten sich dann aber mit umso größerer Kraft wieder abdrücken, was für ein Paradoxon.

Nun haben Wissenschaftler alle biomechanischen bzw. physikalischen Gesetze entdeckt, und bei den Laufschuhen werden sie wieder vergessen, traurig aber wahr.

Es wurde einfach nicht bedacht, dass die Muskulatur über eine Speicherfähigkeit der Auftrittskraft verfügt, und diese beim Abdruck wieder abgibt (kennt jeder aus dem kleinen Gummiball,

auch Flummi genannt, aus der Kindheit, den man auf den Fliesen fallen lässt, und der dann immer wieder springt mit relativ geringem Höhenverlust).

Doch kommen wir zurück zum Schuhgewicht. Das Gewicht am Fuß hat mindestens die 10-fach negative Wirkung wie die gleiche Masse, die am Rücken eines Sportlers fixiert ist. Warum das so ist, erscheint relativ schnell logisch, da der Fuß am Ende des „Hebels" liegt. Der Rumpf, einschließlich Becken, wird nur in der Beschleunigungsphase beschleunigt, und dann auf gleicher Geschwindigkeit gehalten. Die Beine, aber vor allem die Füße, müssen nun bei jedem Schritt wieder angehoben und beschleunigt werden. Damit ist klar, warum sich hier ein höheres Gewicht besonders negativ auswirkt. Die Laufgeschwindigkeit wird geringer, und der Energieverbrauch auf gleicher Strecke wesentlich höher.

Die ungarischen Spieler hatten nun im Regen 800 Gramm Schuhgewicht mehr zu beschleunigen und zu tragen, nach unserer Meinung war dies der Hauptgrund der verlorenen Fußball-Weltmeisterschaft 1954. Diesen Sachverhalt können wir auch empirisch belegen. Bei Zeitmessungen über 20 Meter aus dem Hochstart (ohne Reaktionszeit) ergaben sich hier erhebliche Zeitunterschiede des gleichen Athleten mit diesen unterschiedlichen Schuhgewichten von einmal 700 und 1500 Gramm. Mit den schwereren Schuhen waren die Sportler im Schnitt 0,15 Sekunden langsamer (elektronische Zeitmessung, die wir in der Halle auf Tartanboden vornahmen). Das entspricht etwa einen Unterschied von 1,3 Metern auf dieser kurzen Strecke, hinzu kommt noch der höhere Energieverbrauch mit den schweren Schuhen, der bei 90 Minuten Spieldauer extrem sein muss. Die ungarischen Spieler hatten also gegen Ende des Spiels einen

wesentlich höheren Ermüdungsgrad.

Hinzu kam auch noch, dass Puskas Verletzung noch nicht ganz auskuriert war, und ihm ein Tor wegen Abseits aberkannt wurde.

Fassen wir zusammen: Die Ursache für die Niederlage der Ungaren war der Regen, der Hauptgrund, die hiermit verbundenen schweren Schuhe. Vergessen dürfen wir jedoch auch nicht die Verletzung von Puskas und sein nicht anerkanntes Tor.

Aber warum ist man auf einer Tartan- bzw. Kunststoffbahn schneller als auf einem Rasenplatz?

Die Frage ist schnell beantwortet, weil der Wirkungsgrad auf den künstlichen Bahnen wesentlich höher ist. Hier ist der Boden absolut eben und auch die Nägel der Spikes dringen perfekt in den Untergrund ein. Die Füße verschieben sich beim Abstoss auf dem Boden keinen Millimeter nach hinten.

 # Der fünfte Stern am Fußballhimmel

Doch kommen wir zum eigentlichen Thema zurück. Können Fußballer wirklich 100 Meter in 10,43 Sekunden unter optimalen Bedingungen zurücklegen?

Schauen wir uns doch die 100 Meter Zeiten der schnellsten Fußballer an , die uns vorliegen.

Mit seiner enormen Schnelligkeit war David Odonkor bei der WM 2006 der perfekte Joker und rettete das 1:0 gegen Polen. Er schaffte die 100 Meter in 10,6 Sekunden.

Der Real-Star Gareth Bale gab an, schon mit 14 Jahren der schnellste Sprinter seiner Schule gewesen zu sein. Auch in der Premier League war er deswegen gefürchtet. Er läuft die 100 Meter 100 Meter in 10,5 Sekunden.

Der Dortmunder Pierre-Emerick Aubameyang wurde im Sportstudio mal als "der Fußballer, der schneller als Usain Bolt ist" angesagt. Die 9,58s vom Jamaikaner läuft "Auba" allerdings nicht, aber mit 10,42 Sekunden auf 100 Metern ist er fast einmalig, wenn es Marvell Wynne nicht geben würde. Der US-Amerikaner dürfte jedem FIFA-Spieler bekannt sein durch seine unglaubliche Schnelligkeit. Er ist der schnellste, bisher gemessene Fußballer der Welt mit 10,39 Sekunden auf 100 Metern.
Arjen Robben wird allerdings zu seiner besten Zeit auch nicht wesentlich langsamer gelaufen sein. Damit ist bewiesen, dass Fußballer tatsächlich diese unglaublichen 100 Meter Zeiten laufen können.

 # Der fünfte Stern am Fußballhimmel

Welche Fähigkeiten in Bezug auf Schnellkraft, Sprintbeschleunigung, Grundschnelligkeit, Sprungkraft und Kopfballstärke muss nun unser "Fünfter Stern am Fußballhimmel" erfüllen?

Dieser Ausnahmefußballer wird eine 100 Meter Zeit zwischen 10,30 und 10,80 Sekunden laufen. Diese Zeit aber ist zweitrangig. Die Sprintbeschleunigung auf den ersten 10 bis 30 Meter wird viel wichtiger sein. Hier wird unser Athlet die 30 Meter ohne Reaktionszeit in etwa 3,60 bis 3,70 Sekunden zurücklegen. Das ist genau so schnell wie die besten Sprinter der Welt. Aus dieser 30 Meter Zeit muss sich zwangsläufig auch eine 100 Meter Zeit von mindestens 10,80 ergeben. Weiterhin ergibt sich aus diesen Sprintfähigkeiten eine enorme Sprungkraft. Diese muss kombiniert sein mit einer extremen Kopfballstärke, wie Cristiano Ronaldo sie besitzt. Folglich wird auch die Körpergröße zwischen 1,80 und 1,92 liegen. Eine gewisse Körperlänge wird für die nötige Sprunghöhe vorausgesetzt. Gleichzeitig darf die Größe nicht zu extrem sein, da ansonsten wiederum die Sprintbeschleunigung leidet.

5. Fußballspezifische Ausdauer

Diesen Aspekt können wir relativ schnell abhandeln. Unser absoluter Ausnahmefußballer wird während seiner Fußballentwicklung bis zum jungen Mann eine hervorragende spezifische Fußballausdauer aufbauen (die genetischen Voraussetzungen müssen natürlich gewährleistet sein).

Er wird lange und schnelle Laufwege wiederholt und ohne Probleme absolvieren, genau so wie häufige Tempowechsel. Schnelle Erholungsphasen während einer Partie mit Laufwegen von 10 bis 12 Kilometer sind an der Tagesordnung.

Ziehen wir einmal den alten Cooper-Test heran. Wie wird unser "Fünfter Stern" hier abschneiden?

Er wird in den 12 Minuten 3500 bis 3800 Meter zurücklegen. Also nicht mehr als die heutigen besten Fußball-Profis in dieser Disziplin.

Warum wird er keine 4000 bis 4200 Meter schaffen?

Die Sache ist ganz einfach erklärt. Über 4000 Meter in 12 Minuten kommt man in den Bereich von exzellenten Langstreckenläufern (oder die längere Mittelstrecke).

Befindet man sich aber in diesem ausdauertrainierten Zustand, leidet die Schnellkraft, Schnelligkeit und Sprungkraft enorm.

Auch hierfür gibt es eine ganz einfache Erklärung. Jeder Mensch besitzt weiße (phasische), rote (tonische) oder intermediäre Muskelfasern. Die prozentuale Zsammensetzung dieser Muskelfasertypen ist bei jedem Menschen anders. Unser Superathlet besitzt mehr weiße Muskelfasern als üblich, ansonsten würde eine außergewöhnliche Schnellkraft, Schnelligkeit und Sprungkraft nicht möglich sein.

 # Der fünfte Stern am Fußballhimmel

Würde unser spezieller Fußballler nun zu sehr auf Ausdauer trainiert werden, bekämen die intermediären Muskelfasern die Eigenschaften der roten Muskelfasern (dieser Prozess ist allerdings reversibel).

Damit würde er rapide an Schnelligkeit verlieren, und wäre nicht mehr der beste Spieler der Welt. Schnelligkeit in allen Bereichen und perfekte Technik ist das Wichtigste für Weltklasse-Fußballer.

Exkurs zu diesem Thema: Es gibt viele unterschiedliche Stürmertypen, die jeder in Fußballkreisen kennt. Da ist der Konterstürmer, der im vollen Lauf den Ball mitnehmen kann und eine große Spielübersicht besitzt; der Flügelstürmer mit hoher Grundschnelligkeit, präziser und wuchtiger Flanken, aber auch mit gefährlichem Torabschluss; der Mittelstürmer, der den Ball abschirmen kann, die Lücken in der gegnerischen Abwehr findet, dribbelstark ist und eiskalt mit dem Torschuss oder Kopfball abschließt; der Halbstürmer, der Jokerstürmer, der Aushilfsstürmer usw.

Aber der König der Stürmer ist immer seltener anzutreffen, da auch die Stürmer mit immer mehr Laufarbeit konfrontiert werden. In den meisten Fällen ist dies richtig, aber es gibt Ausnahmespieler, die davon befreit werden müssen, ansonsten werden diese Fußballer nie ihr maximales Leistungsvermögen erreichen.

Dieser Spielertyp wird von den meisten Trainern eher nicht erkannt und im Training und Wettspiel mit falschen Übungen und taktischen Einstellungen belastet.

Zuletzt sah ich (Wolfgang Schnepper) einen solchen Stürmer in der Verbandsliga.

 **Der fünfte Stern am Fußballhimmel**

Er lief etwa im ganzen Spiel 2 km und hatte einen Aktionsradius eines „Kanaldeckels".

Befand sich aber der Ball in seiner Nähe, explodierte dieser Mittelstürmer förmlich und wenn er den Ball bekam, sah er nur noch das Tor und den Abschluss.

Ein bis zwei Tore schoss dieser Spieler durchschnittlich pro Spiel. Er war auf den ersten zehn Metern viel schneller als die Gegenspieler und besaß eine riesige Schusskraft.

Besitze ich einen solchen „Wunderstürmer", der mir 20 – 50 Tore pro Saison garantiert, aber an Wirksamkeit verliert, weil seine Laufwege und Aufgabenbereiche durch taktische Maßnahmen oder Positionsveränderung zugenommen haben, muss ich diesen Spieler von solchen Zusatzaufgaben entlasten und nur als Stürmer aufstellen, ansonsten wird eine taktische Anordnung zu einem Bumerang.

Es ist natürlich klar, dass ein solcher Spieler nicht in ein 4-6-0 System passt, wie z.B. in die spanische Nationalmannschaft.

Es ist auch klar, dass dieser Stürmertyp es gegen nationale oder internationale Top-Abwehrspieler sehr schwer hat, aber diese Extreme lassen wir hier außen vor.

Warum gibt es einen solchen Spielertyp?

Wir geben hier kurz eine physiologische Erklärung ab, warum bestimmte Athleten nicht ständig mit vielen Laufwegen und kämpferischen Aktionen konfrontiert werden dürfen.

Manchmal beobachten wir Stürmer, die uns „lauffaul" erscheinen, die aber förmlich explodieren, sobald sie in Ballnähe oder Ballbesitz sind. Diese Spielertypen sind extrem antrittsschnell und kaum vom Ball zu trennen.

# Der fünfte Stern am Fußballhimmel

Aber was unterscheidet diese Spieler körperlich von anderen?

Jeder Mensch besitzt langsame oder schnelle Muskelfasern, die langsamen sind gut für Ausdauerleistungen und die schnellen für Schnellkraft und Schnelligkeit.

Es gibt nun Stürmer, die überwiegend schnelle Muskelfasern in der Beinmuskulatur haben und damit den anderen Spielern an Schnelligkeit, Sprungkraft und Schusskraft weit überlegen sind (Voraussetzung ist natürlich eine gute Koordination und bei der Schusskraft eine gute Technik).

Konfrontiere ich diesen Spieler nun permanent mit Laufleistungen, übersäuern und ermüden diese Athleten und verlieren an Torgefährlichkeit, bis hin zur „Torharmlosigkeit".

Der Trainer muss solche Ausnahmespieler erkennen und dementsprechend in seine taktischen Maßnahmen einbauen, damit solche spielentscheidenen Athleten nicht durch eigene Maßnahmen blockiert werden.

Auch im Training werden diese Spieler nicht ständig mit harten, übersäuernden Trainingsübungen belastet, weil sonst die Dynamik darunter leidet.

Um dies zu verdeutlichen, stellen wir uns Folgendes vor: Trainiere ich einen 100m Sprinter zusätzlich regelmäßig mit harten Ausdauereinheiten, wird dieser über 100m bis zu einer Sekunde und mehr langsamer laufen.

Hier kann der Autor, Wolfgang Schnepper, aus eigener Erfahrung sprechen. Als er vom Fußball zum Triathlon wechselte, verschlechterte sich seine 100m Zeit innerhalb von einem halben Jahr von 11,3s auf 12,2s und nach vier Jahren auf 13,2s (dieser Prozess ist zum Glück umkehrbar).

6. Spielübersicht / 7. Spielintelligenz

Okay, diesen Punkt können wir leicht abhandeln. Unser "Fünfter Stern" muss eine hohe Spielintelligenz und Spielübersicht besitzen. Er muss Spielzüge antizipieren können. Ohne diese Eigenschaften kann niemand der beste Fußballspieler der Welt werden, weil dieser Fußballer nur durch Einzelaktionen glänzen kann. Das Abspiel erfolgt dann aber nicht oder nur unvollkommen durchdacht, und viele Pässe, ob kurz oder lang, verpuffen im Nichts.

8. Körperliche Robustheit / 9. Immunsystem / 10. Psychologische Faktoren wie zum Beispiel Resilienz, Führungsqualitäten

Auch diese Punkte sind logischerweise schnell zu klären. Unser absoluter Ausnahmefußballer besitzt eine hohe körperliche Robustheit. Seine Verletzungsanfälligkeit muss gering sein, ansonsten fällt er immer wieder durch Verletzungen aus, und seine Entwicklung leidet. In diesen Auszeiten kann der Spieler nicht durch Tore und Vorlagen glänzen. Durch viele solcher Auszeiten würde er dann immer wieder nur punktuell der beste Spieler der Welt sein.

Auch das Immunsystem ist hoch entwickelt, damit Erkältungen, grippale Infekte und echte Grippen möglichst selten auftreten. D.h., unser Superathlet zeichnet sich durch gesunde Ernährung aus, raucht nicht, trinkt zumindest fast keinen Alkohol und hat meistens ausreichende Nachtruhe und Erholungsphasen.

 # Der fünfte Stern am Fußballhimmel

Psychologische Faktoren / Führungsqualitäten / Psyche allgemein

Bei der allgemeinen Definition von Psyche wollen wir uns relativ kurz fassen. Die Psyche wird als ein Ort menschlichen Fühlens und Denkens aufgefasst
Sie ist die Gesamtheit aller geistigen Eigenschaften und Persönlichkeitsmerkmale eines Menschen. Im Gegensatz zur Seele beinhaltet die Psyche somit keine transzendenten Elemente.

In der Medizin nimmt man heute an, dass Körper (Physis) und Geist (Psyche) nicht grundsätzlich voneinander unabhängig sind, sondern sich gegenseitig beeinflussen können. Dies bezeichnet man als den allseits bekannten Ausdruck "Psychsomatik".

Unser "Fünfter Stern" muss also in seiner Kindheitsentwicklung folgendes durchlaufen haben, um Resilienz und Führungsqualitäten aufgebaut zu haben: (siehe nächste Seite)

 # Der fünfte Stern am Fußballhimmel

Psyche von Kindern

Die Psyche von Kindern ist somit ein Ort kindlichen Fühlens und Denkens. Kinder leben in einer "Kinderwelt", und diese darf nicht zerstört werden. Trainerinnen und Trainer müssen sich in diese Welt hineinversetzen wie auch die Eltern und Erzieherinnen und Erzieher es tun. Wir brauchen einen behutsamen Umgang gegenüber den kleinen Fußballern, denn "Kinderseelen" sind noch sehr zerbrechlich, und die Persönlichkeitsmerkmale sind natürlich in keinster Weise gefestigt.

Seien wir doch einmal ehrlich zu uns selbst, wenn ein Kind weint, "zerreißt" es doch förmlich unser Herz. Wir leiden genau so wie das betreffende Kind.

Doch lacht ein Kind laut, ausgelassen und volllkommen fröhlich, geht da nicht unser Herz auf und wir nehmen diese Freude nicht auch genau so auf.

Trainerinnen und Trainer freuen sich wenn Kinder Spaß am Training haben. Der Job als Kindertrainer wird meistens ehrenamtlich geleistet, man verdient kein Geld damit und ein hohes gesellschaftliches Ansehen bleibt meistens aus. Doch der Kindertrainer hat die höchste Verantwortung von allen Trainern überhaupt. Dies dürfte allein schon aus den obigen Definitionen klar geworden sein. Machen sie ihren Job gut, können diese Trainer sehr stolz auf sich sein und verdienen höchsten Respekt und Anerkennung.

Doch kommen wir zurück zur Psyche von Kindern.

 # Der fünfte Stern am Fußballhimmel

Psyche der Kinder und allgemeine Verhaltensweisen ihnen gegenüber

Die Förderung der psychischen Widerstandsfähigkeit von Kindern ist von extremer Bedeutung. Misserfolge sind von Kindern nur schwer wegzustecken, und müssen möglichst vermieden werden. D.h., eine konsequente Überforderung der Kleinen darf nicht passieren.

Mit den richtigen Herausforderungen können Eltern und Trainer helfen, die Psyche zu stärken.

Wie der Körper ein Immunsystem besitzt, gibt es auch für die Seele eine Art Immunsystem.

An Stelle von Bakterien und Viren wird dieses seelische Immunsystem durch Streit, Misserfolge oder Unglücksfälle belastet. Bei einen Streit zum Beispiel sind manche Kinder sehr selbstbewusst, und stecken dies einfach weg. Sie sind in der Lage viele belastende und kritische Erfahrungen zu bewältigen, ohne jeglichen Schaden zu nehmen. Diese psychische Widerstandsfähigkeit nennt die Wissenschaft „Resilienz". Andere Kinder hingegen ziehen sich nach einem Streit zurück, und müssen den Disput erst einmal verarbeiten.

Es gibt nun aber Methoden und Merkmale, die die Entwicklung von Resilienz fördern oder hemmen können.

So fanden Wissenschaftler tatsächlich heraus, dass resiliente Kinder wirklich über schützende Komponenten verfügen, die die psychische Widerstandsfähigkeit erhöhen. Diese zu kennen ist für Eltern, Erziehern und Trainern von hoher Bedeutung, denn dadurch kann man die Seele eines Kindes stärken.

Der fünfte Stern am Fußballhimmel

Die primäre Stelle liegt natürlich im Elternhaus. Die Kinder brauchen eine stabile emotionale Bindung zu den Eltern, zu mindestens aber einem Elternteil. Diese brauchen einen verlässlichen und sensiblen Erziehungsstil. Hierbei wird das Kind unterstützt, gefördert, es bejaht und ihm möglichst viele Freiräume gegeben. Gleichzeitig müssen ihm aber auch möglichst freundlich und liebevoll altersgemäße Grenzen gesetzt werden. Denken wir daran, das Kinder noch nicht alle Gefahren kennen. Wenn wir Kindern zum Beispiel räumliche Begrenzungen auferlegen, dürfen diese nicht missachtet werden. Denken wir hier nur an den Straßenverkehr oder andere Gefahren außerhalb des gesetzten Raumes. Die Trainerin oder der Trainer muss diese räumlichen Begrenzungen natürlich auch absolut vorgeben. Jeder kann sich jetzt wohl plastisch vorstellen, welche Verantwortung man bei einem Kindertraining übernimmt.

Zusätzlich spielt die gesamte soziale Umgebung des Kindes eine entscheidende Rolle. Positive emotionale Beziehungen zu Freunden, Nachbarn, Verwandten, Trainerin oder Trainer usw. bieten einen „Zufluchtsort" bei schlechten oder belastenden Familiensituationen.

Trainerinnen oder Trainer sollten auch die Eltern umgehend kontaktieren, wenn ihnen etwas „seltsames oder nicht "normales" an den kleinen Fußballern auffällt. Hier erkennen wir die große Verantwortung der Trainer in einem weiteren Bereich.

Die Kinder brauchen gute Beziehungen zu Eltern und dem weiteren Umfeld, woran auch die Trainerin oder der Trainer arbeiten kann. Schnell erkennt das jeweilige Kind nun: Ich bin wertvoll und anderen nicht egal.

Der fünfte Stern am Fußballhimmel

In diesem sicheren positiven Bereich bauen Kinder Mut, Selbstbewusstsein und Resilienz auf. Sie entwickeln allgemeines Interesse, vitale Lebensenergie, Neugier, Fantasie, Kontaktfreude und können aggressive Energie kontrollieren.

Die Entwicklung der optimalen Resilienz bedeutet auch des Einbinden der Kinder für kleine Arbeiten wie den Frühstückstisch decken, Erdbeeren pflücken im Garten oder auch mal das Kehrblech zu benutzen. Solche kleinen Aufgaben sollen sie auch im Kindergarten und im Fußballtraining übertragen bekommen (heute trägst du mal die Leibchen oder die kleinen Pylonen usw.).

Und es ist ganz wichtig die Kinder für solche Verantwortung auch zu loben. Jetzt tragen sie etwas zur Gemeinschaft bei, und erfahren eine Wertschätzung. Schnell lernen sie dabei auch, habe ich Probleme, darf ich jederzeit um Hilfe bitten.

Jetzt kommt ein ganz wichtiger Punkt. In der Regel soll das Lob fast immer spezifisch auf ein Verhalten und nicht verallgemeinernd sein (Ausnahmen sind durchaus erlaubt).

Kinder verfügen von Natur aus über Eigenschaften wie Hilfsbereitschaft, Neugier, Empathie usw., die die Resilienz fördern. Aber die Erwachsenen haben immer wieder die Aufgabe diese Richtungen auch gezielt zu fördern.

Wir haben schon genug erwachsene Menschen, denen Empathie, Hilfsbereitschaft, Vorsicht, positive Neugier usw. verlorengegangen sind. Ist Ihnen nicht schon aufgefallen, wie viele Erwachsene oder Jugendliche in einem vollkommenen Egoismus leben. Wenn hier der Trainer oder die Trainerin den Kindern auch nur ein wenig mehr zur Resilienz verhilft, hat er oder sie mehr als nur ein Training mit den Kleinen durchlebt.

# Der fünfte Stern am Fußballhimmel

Aber Sieg und Niederlage, und damit Enttäuschungen, gehören natürlich zum Leben. Schon kleine Kinder müssen einiges einstecken und entwickeln Strategien, mit Enttäuschungen fertig zu werden. Wichtig ist auch, dass die Eltern und die Trainer beim Training und im Wettspiel richtig reagieren.

"Ich kann das, ich schaffe das" – und schon geht der Schuss daneben oder der Einwurf wird vollkommen falsch ausgeführt. Kinder schätzen ihre Fähigkeiten oft nicht realistisch ein, deswgen sind es ja Kinder. Natürlich gibt es auch Erwachsenene, die ihre Fähigkeiten oft falsch einschätzen, aber hier ist etwas in der Entwicklung falsch gelaufen und nicht unser Thema. Trainer können sie darin unterstützen, indem sie ihnen zu ihrem Alter passende Aufgaben stellen und immer wieder für kleine Erfolge loben. Zu leicht dürfen die Aufgaben nicht (immer) sein, denn Enttäuschungen unterstützen Kinder dabei, ihre falschen Einschätzungen zu korrigieren.

Manche Kinder schwätzen auch unentwegt, andere reden fast nie. Die Kunst der Trainer ist es hierbei, die Eigenart der Kinder zu respektieren, aber eine Plaudertasche auch einmal zu unterbrechen, wenn es gerade wirklich stört.

Kommen wir jetzt direkt zu einem weiteren wichtigen Punkt. Wenn ein Kind etwas scheinbar verletzendes oder beleidigendes zum Trainer oder zur Trainerin sagt, reagieren Sie in der Regel nicht darauf. Kinder meinen das nicht böse. In bestimmten Situationen muß man aber handeln, wenn zum Beispiel "schlimme Wörter" gesagt werden. Erklären Sie dem betreffenden Kind freundlich und sachlich, dass diese Wörter nicht schön sind, und man sie besser nicht sagt. Wenn man

das als Trainer deutlich erklärt, erzielt es seine positive Wirkung. Denn Sie haben eine Vorbildfunktion für die kleinen Fußballer.

Bewahren kann man die Kinder nicht immer vor negativen Dingen wie Enttäuschungen, Misserfolgen, Niederlagen, auch wenn man ihnen am liebsten nur eine heile Welt schaffen will. Das funktioniert nicht und ist auch nicht hilfreich, um die Kinder auf das Leben vorzubereiten. Trainerinnen und Trainer müssen die Kinder dabei unterstützen, Niederlagen und Enttäuschungen zu verdauen. Haben Kinder das gelernt, besitzen sie eine wichtige Schlüsselqualifikation für das Leben. Auffangen, sich mit ihnen freuen oder leiden und Erfolgserlebnisse anbieten, das ist wohl die beste Hilfe. Das Wichtige ist, das Selbstvertrauen der Kinder zu stärken, dann lassen sich auch Niederlagen leichter verarbeiten.

Und genau diese Förderung braucht unser absolute Ausnahmefußballer, damit er die perfekten Führungsqualitäten und die optimale Resilienz aufbauen kann.

.

 **Der fünfte Stern am Fußballhimmel**

Steckbrief unseres fünften Sterns am Fußballhimmel (Zusammenfassung)

1. Hohe Schussgenauigkeit / Maximale Schussgeschwindigkeit 150 bis 200 km/h

2. Extrem enge Ballführung, höchste Passgenauigkit, großes Repertoire an Finten

3. 100 Meter Zeit zwischen 10,30 und 10,80, 30 Meter Zeit ohne Reaktionszeit zwischen 3,60 bis 3,70 Sekunden

4. Extreme Kopfballstärke

5. Hohe fußballspezifische Ausdauer mit einem Cooper-Testergebnis von 3500 bis 3800 Meter in 12 Minuten

6. Hervorragende Spielübersicht

7. Hohe Spielintelligenz

8. Extrem gute körperliche Robustheit

9. Optimales Immunsystem

10. Hohe Resilienz und ausgezeichnete Führungsqualitäten

11. 1,80 bis 1,92 Meter Körperhöhe mit einem Gewicht zwischen 76 und 90 Kilogramm

 # Literaturverzeichnis

Martin Curi: Friedenreich – Das vergessene Fußballgenie. Verlag die Werkstatt, 2009, ISBN 978-3-89533-646-1.

Anke Dörrzapf: Fußballgötter, Baumhaus Verlag 2009, ISBN 978-3-8339-2453-8.

Manfred Claßen, Wolfgang Schnepper: Spielsysteme im Fußball, Books on Demand Norderstedt 2013, ISBN 978-3-8482-5143-8.

Manfred Claßen, Wolfgang Schnepper: Konter im Fußball, Books on Demand Norderstedt 2013, ISBN 978-3-7322-8108-4.

Wolfgang Schnepper: Herz, Sport, Fitness und Gesundheit, Sportverlag Linwolf 1995, ISBN 3-98044212-0-1.

Manfred Claßen, Wolfgang Schnepper: Taktiktraining im Jugendfußball, Books on Demand Norderstedt 2011, ISBN 978-3-8423-6372-4.

Manfred Claßen, Wolfgang Schnepper: Taktiktraining im Jugendfußball 2, Books on Demand Norderstedt 2012, ISBN 978-3-8391-8830-9.

Manfred Claßen, Wolfgang Schnepper: Pressing mit System, Books on Demand Norderstedt 2012, ISBN-3-8482-1208-8.

Grüne, Hardy: Fußball-WM-Enzyklopädie 1930–2006, AGON-Sportverlag, Kassel, 2004, ISBN 3-89784-261-0.

Hans J. Müllenbach: *Fussball-Weltmeisterschaft Italien 1934*, 1991, ISBN 3-86125-001-2

Raphael Keppel: WM 34 – *2. Fussball-Weltmeisterschaft 1934 in Italien*, 1990, ISBN 3-928562-00-2

 # Literaturverzeichnis

Markus Alexander: *Cristiano Ronaldo – Der neue Fußballgott*. Baltic Sea Press, Rostock 2009, ISBN 978-3-942129-05-3.

Luca Caioli: *Ronaldo – The Obsession for Perfection*. Corinthian Books, London 2012; ISBN 1-906850-29-1

Luca Caioli: *Ronaldo. Die Geschichte eines Besessenen*. Verlag Die Werkstatt, Göttingen 2013, ISBN 978-3-7307-0002-0.

Santiago Siguero: *Cristiano Ronaldo – La Estrella Tenaz*. Al Poste Ediciones, Madrid 2013; ISBN 84-15726-06-6.

Luca Caioli: Messi: *The Inside Story of the Boy Who Became a Legend*, Corinthian, Thriplow 2010, ISBN 978-1-906850-11-1.

Messi. Ein Junge wird zur Legende. Verlag Die Werkstatt, Göttingen 2013, ISBN 978-3-89533-746-8.

Friedemann (Hrsg.): *WM Italien 1990 (Fußball Weltmeisterschaft)*, Verlag Carlsen, 1991 Hamburg, ISBN 3-551-45304-7.

Christoph Biermann et al.: *1974 Deutschland. Süddeutsche Zeitung WM-Bibliothek*. Süddeutsche Zeitung, München 2005, ISBN 3-86615-156-X.

Kay Schiller: WM 74: *Als der Fußball modern wurde*. Rotbuch. 1. Aufl. 2014. ISBN 978-3867891943.